SECOND INTERLINEAR GERMAN READER

SECOND INTERLINEAR GERMAN READER

By

Meno Spann
University of Iowa

»»««

CHAPEL HILL
THE UNIVERSITY OF NORTH CAROLINA PRESS
1938

Erste Aufgabe

FIRST LESSON

Einen solchen Propheten gibt es aber nicht
(A such) prophet (gives it) however not
such a there is

»»««

Der Vater des griechischen Philosophen Hippodamas war Sklave
the father of-the Greek philosopher Hippodamas had (slave)
a slave

gewesen, als der göttliche Cäsar Gallien für Rom eroberte.
been when [the] divine Caesar Gaul for Rome conquered

Hippodamas jedoch lebte als freier Mann in Rom. Wenn die
Hippodamas however lived as (free man) in Rome when the
a free man

Kornschiffe im Hafen von Ostia landeten, ging er wie die anderen
grain-ships in-the harbour of Ostia landed went he as the other

Armen der Welthauptstadt, die auf Kosten der Regierung
poor-ones of-the (world-head-city) who at (expenses) of-the government
world capital the expense

aßen, sich sein Teil zu holen. Hin und wieder verdiente er
ate himself his part to fetch (thither and again) earned he
now and then

sich ein bißchen Geld, indem er den Frauen die Zukunft aus
(himself) a bit-of money (in-that he) to-the women the future from
for himself by reading

den Sternen las. So hatte er z. B. (zum Beispiel) der Frau
the stars (read) so had he e.g. (to-the example) to-the wife
for example

des Generals Varus prophezeit, daß ihr Mann nicht lebendig
(of-the) general Varus prophesied that her husband not alive
of

aus Germanien zurückkehren würde. Bald zeigte es sich, daß
from Germania return would soon (showed it itself) that
it was seen

Hippodamas recht gehabt hatte. Die Germanen, geführt von einem
Hippodamas (right had had) the Germani led by a
had been right

gewissen Arminius, erschlugen das römische Heer im wildesten
certain Arminius slew the Roman army in-the wildest

Walde des unbekannten Landes jenseits der Donau. Als
forest of-the unknown country on-the-other-side of-the Danube when

Varus das schlimme Ende seiner drei Legionen sah, warf er sich
Varus the bad end of-his three legions saw threw he himself

in sein Schwert. Nur einige Reiter, die sich über die Grenze
(into) his sword only some horsemen who themselves across the border
on

retteten, entgingen dem Blutbad. Als die Nachricht von der
saved escaped the (blood-bath) when the news of the
carnage

furchtbaren Vernichtungsschlacht nach Rom kam, machte sich
terrible annihilation-battle to Rome came (made himself
Augustus

Augustus schwere Sorgen. Da riet ihm die Witwe des Varus,
Augustus heavy worries) then advised him the widow (of-the) Varus
worried deeply of

den Wahrsager und Philosophen Hippodamas wegen der Zukunft
the soothsayer and philosopher Hippodamas (because-of) the future
about

des römischen Reiches zu befragen. Die Witwe des Varus hatte
of-the Roman (realm) to consult the widow (of-the) Varus had
empire of

als nahe Verwandte des Kaisers Einfluß bei Hofe, Augustus
as (near relative) of-the emperor influence at court Augustus
a near relative

ließ sich in einer schwachen Stunde zu einer Audienz überreden,
let himself in a weak hour to an audience (persuade)
be persuaded

und bald stand der zitternde Grieche vor dem Herrscher der Welt.
and soon stood the trembling Greek before the ruler of-the world

„Hab' keine Furcht", redete der Kaiser den Philosophen an, „und
have no fear (talked) the emperor the philosopher '(at) and
addressed

antworte offen auf meine Fragen. Was hälst du von dem
answer (openly) [upon] my questions What (hold) you of the
frankly think

Orakel: solange die ewigen Götter in den heiligen Tempeln
oracle as-long-as the eternal gods in the sacred temples

wohnen, wird kein Feind über die Grenzen des römischen Reiches
live will no enemy across the borders of-the Roman (realm)
empire

dringen?" Hippodamas schwieg eine Weile, dann antwortete
press Hippodamas was-silent (a while) then answered
for a while

er mit leiser Stimme, indem er auf den Boden blickte: „Das
he with (soft) voice (in-that) he (upon) the floor looked the
a soft while at

Orakel lügt nicht, jedoch —" Er sah den Kaiser ängstlich an.
oracle lies not however he looked the emperor frightened at

Der warf ihm einen Beutel mit Gold- und Silbermünzen vor
that-one threw [him] a bag with gold and silver-coins (before)
at

die Füße und sagte ungeduldig: „Hab' keine Angst und rede
(the) feet and said impatiently have no fear and talk
his

weiter, Grieche! — Ich befehle es dir." Der Philosoph
(farther) Greek I command (it to-you) the philosopher
on you to

fuhr fort: „Vor einem Jahrzehnt wurde einem Zimmermann
(traveled away) (before a decade) was to-a carpenter
continued a decade ago

fern im Osten, im Lande der Juden, ein Sohn geboren. Dieser
far in-the east in-the land of-the jews a son born this

Zimmermannssohn wird unsere Götter aus den heiligen Tempeln
carpenter's-son will our gods from the sacred temples

treiben. Vom Norden, von jenseits der Donau, werden
drive from-the north from on-the-other-side of-the Danube will

dann die Blauäugigen, die Blondhaarigen kommen und Rom
then the blue-eyed-ones the blond-haired-ones come and Rome

besiegen. In drei, vier Jahrhunderten wird all das geschehen."
defeat in three four centuries will all that happen

Augustus wurde ein wenig zornig und sagte zu einem der
Augustus became a little angry and said to one of-the

Senatoren in seiner Begleitung: „Das hat man davon, wenn man
senators in his company (that has one of-it) if one
that is what one gets

Weisheit und einen brauchbaren Rat von einem Bettelpropheten
wisdom and a useful advice from a beggar-prophet

erwartet! Na, eigentlich habe ich das Männchen wider meinen
expects well after-all have I the little-man against my

Willen holen lassen, nur um den Damen einen Gefallen zu tun."
will (fetch let) only in-order the ladies a favor to do
had fetched

Dann wandte sich der Kaiser mit einem leichten Lächeln zu dem
then turned [himself] the emperor with a (light) smile to the
slight

Propheten: „Von all dem verrückten Zeug, das ich je von
prophet of all the crazy stuff which I ever from

Ausländern gehört habe, ist dies das verrückteste. Heb' deinen
foreigners heard have is this the craziest (lift) pick your

Geldbeutel auf, armer, irrsinniger Mann, und geh' schleunigst zu
money-bag up poor insane man and go (most-speedily) as fast as possible to

einem Arzt!"
a physician

Es war im ersten Jahrzehnt des ersten Jahrhunderts nach Christus. Rom hatte einen großen Teil der Welt erobert. Seine Legionen standen im Norden, Süden, Osten und Westen des Reiches, um nach Norden, Süden, Osten und Westen über die Grenzen zu dringen, wenn der göttliche Augustus es befahl. Aus allen Teilen der Welt brachten die Schiffe Gold, Korn und Sklaven nach Italien, und die Armen der Welthauptstadt aßen auf Kosten der Regierung.

Unter diesen Armen war auch ein Philosoph, der Grieche Hippodamas, dessen Vater als Sklave nach Rom gekommen war. Dieser Hippodamas war nicht nur ein Philosoph, sondern auch ein Wahrsager. Er las die Zukunft in den Sternen. Er hatte der Frau des Varus prophezeit, daß ihr Mann nicht lebendig mit seinem Heer aus Germanien zurückkommen würde. Für diese Prophezeiung hatte ihm die Frau einen Beutel mit Gold- und Silbermünzen gegeben, aber sie konnte den General nicht überreden zu Hause zu bleiben. Varus marschierte mit drei Legionen in das unbekannte Land jenseits der Donau, und im Teutoburger Walde wurde sein Heer von den Germanen erschlagen. Als die Sieger ihn fanden, hatte er sich in sein Schwert geworfen.

Die Nachricht von dem schlimmen Ende seiner drei Legionen machte Augustus Sorgen, und so ließ er sich in einer schwachen Stunde von der Witwe des Varus überreden, den Bettelphilosophen Hippodamas wegen der Zukunft des römischen Reiches zu befragen. Sehr gegen seinen Willen, nur um seiner Verwandten einen Gefallen zu tun, ließ er den Griechen in seinen Palast holen. Augustus hielt wenig von der Weisheit eines Philosophen, der auf Staatskosten aß.

Am Abend dieses Tages erzählte der Kaiser bei einem Bankett, was Hippodamas ihm gesagt hatte. — „Also, mein lieber Senator, da bringen mir meine Leute ein zitterndes Männchen, das auf Kosten der Regierung lebt, in den Palast. Auf meine Frage, was er von dem letzten Orakel hielte, antwortet mir der kleine Grieche auf den Boden sehend und mit leiser Stimme: „Ein jüdischer Zimmermannssohn wird die ewigen Götter besiegen und in ihren heiligen Tempeln wohnen. Die Blauäugigen, Blondhaarigen von jenseits der Donau werden dann die Herren in Rom sein." Der Senator lachte: „Von all dem verrückten Zeug, das ich je von Griechen gehört habe, ist dies das verrückteste. Ein Zimmermannssohn besiegt Jupiter, Germanen erobern Rom! Was für ein Irrsinn!"

1. *Rearrange the following words in sentences:*

1. Süden Osten standen Grenzen die Legionen den Norden Westen im und an. 2. Augustus befahl es wenn drangen Heere Grenzen die und über römischen die neue für Länder und Kaiserreich das eroberten. 3. Sich der machte Kaiser Sorgen und er deshalb lassen holen hatte den Bettelphilosophen. 4. Im Walde der jenseits wildesten Donau die drei Germanen erschlagen römische hatten Legionen. 5. Ende das sah seines als Heeres Varus sich er mit Schwert dem nahm das Leben. 6. Was du fragte hältst der Kaiser dem Philosophen den Orakel von. 7. Wird Götter treiben die den Tempeln aus der eines Zimmermanns Sohn. 8. Die von der jenseits der kommen werden Donau erobern und Germanen Rom. 9. Du heb' nimm geh' und auf heraus schleunigst denn verrückt bist du armer Mann den etwas Beutel Geld Arzt einem zu.

2. *Form complete sentences of the following words:*

(**Example:** Vater, Sklave, Cäsar, Sohn, frei — Der Vater des Philosophen Hippodamas war Sklave gewesen, als Cäsar die Welt für Rom eroberte, aber der Sohn dieses Sklaven lebte als freier Mann in Rom.) 1. Süden, Westen, Kornschiffe, Italien, Arme, holen. 2. Hippodamas, Philosoph, Regierung, essen, Frauen, Zukunft. 3. Varus, führen, Land, Donau, Teutoburger, erschlagen. 4. Witwe, übereden, Philosoph, Zukunft. 5. Augustus, fragen, halten, Orakel. 6. Jahrzehnt, Palästina, Sohn, Götter. 7. Norden, Germanen, Rom. 8. Kaiser, zornig, Beutel, irrsinnig, Arzt.

3. *Answer the following questions:*

1. Was taten die römischen Kaiser für die Armen der Welthauptstadt? 2. Was hat Cäsar für Rom getan? 3. Wie verdiente sich der Bettelprophet ein bißchen Geld? 4. Was hatte Hippodamas der Frau des Varus prophezeit? 5. Warum ließ Augustus den Wahrsager holen? 6. Was sagte das Orakel? 7. Wer hat die römischen Götter aus den Tempeln getrieben? 8. Was sagte der Prophet von den Germanen? 9. War Hippodamas verrückt?

4. *Observe the meanings of* **lassen**:

Lassen Sie mich gehen! — **let me go.** Lassen Sie einen Arzt kommen — **have a doctor come.**

Translate:

1. „Ich lasse dich nicht nach Germanien gehen!" sagte Varus' Frau. 2. „Laßt mich sterben!" sagte Varus zu den Freunden, die ihm helfen wollten. 3. Cäsar ließ eine Brücke über den Rhein schlagen. 4. Der Kaiser ließ seine Generäle kommen. 5. Es wird Zeit, daß du dir die Haare schneiden läßt. 6. Die Soldaten ließen ihn in das Haus hinein aber nicht heraus. 7. Laß ihn, er ist verrückt. 8. Die Reiter, die sich aus der Vernichtungsschlacht retteten, ließen ihre Kameraden in dem Blutbad zurück.

Zweite Aufgabe

SECOND LESSON

Eine lustige Geschichte aus alter Zeit

A merry story from (old time)
olden times

»»««

Ebenso wie die Griechen und Römer glaubten die alten Germanen
just as the Greeks and Romans believed the old Germani

an viele Götter. Die Geschichten, die diese alten Völker sich
(at) many gods the stories which these old peoples [them-
in selves]

von ihren Göttern erzählten, zeigen in vielen Punkten eine starke
of their gods told show in many points a strong

Aehnlichkeit. Darüber brauchen wir uns selbstverständlich
similarity about-that need we [ourselves] (self-evidently)
of course

nicht zu wundern. All diese Mythologien stammen aus der
not to be-astonished all these mythologies descend from the

indogermanischen Vergangenheit und verraten noch ihren
(Indo-Germanic) past and betray still their
Indo-European

gemeinsamen Ursprung. So spielen z. B. (zum Beispiel) die
common source thus play e.g. (to-the) example the
for

Riesen eine ganz ähnliche Rolle in der germanischen, wie die
giants an entirely similar part in the Germanic as the

Giganten oder Titanen in der klassischen Mythologie. Die Riesen
giants or titans in the classical mythology the giants

sind die ewigen Feinde der Götter, und einmal, so melden die
are the eternal enemies of-the gods and once so report the

alten Sagen, werden Riesen und Götter in einem großen
old legends will giants and gods in one great

Entscheidungskampfe zusammen untergehen. Das ist die berühmte
(decision-struggle) together (down-go) that is the famous
decisive battle perish

Götterdämmerung, aber bis dahin gibt es dauernde
(gods-twilight) but until (thither) (gives it) (lasting)
twilight-of-the-gods then there are continuous

Zusammenstöße zwischen den beiden Parteien. Unter den Göttern
collisions between the (both) parties among the gods
two

ragt Donar als Riesenkämpfer hervor. Er war der Lieblingsgott
(towers) Donar as giant-fighter (forth) he was the (darling-god)
is prominent favorite god

der germanischen Bauern. Wenn es donnert, fährt der rotbärtige
of-the Germanic peasants when it thunders drives the redbearded

Gott auf seinem von Böcken gezogenen Wagen über die Wolken,
god on his by he-goats drawn chariot over the clouds

die unter den hölzernen, groben Rädern widerschallen. Wenn es
which under the wooden rough wheels resound when it

blitzt, und der Blitzstrahl Bäume und Berge spaltet, dann
lightens and the lightning-flash trees and mountains splits then

kämpft Donar mit den Riesen und wirft den zerschmetternden
fights Donar with the giants and throws the smashing

Hammer nach ihnen. Bis auf den heutigen Tag lebt sein Name
hammer after them until [up] the present day lives his name

in dem Worte Donnerstag. Das englische Wort für Donnerstag
in the word Thursday the English word for Thursday

kommt von der Namensform Thor. Die Norweger nannten den
comes from the name-form Thor the Norwegians called the

Gott Thor, und in einer norwegischen Sammlung germanischer
god Thor and in a Norwegian collection of-Germanic

Götter- und Heldenlieder wird uns mancherlei Heiteres und
(gods and heroes-lays) is us this-and-that merry and
lays about gods and heroes

Ernstes von dem Donnergott, seiner gewaltigen Kraft und seinem
serious about the thunder-god his tremendous strength and his

etwas plumpen Geiste erzählt. Die Edda gehört zu den Schätzen
somewhat awkward spirit told the Edda belongs to the treasures

der Weltliteratur, und unsere Wiedergabe kann natürlich keinen
of-the world-literature and our [rendering can naturally no

Begriff von der Schönheit des Originals geben. — Auf einer
conception of the beauty of-the original give on one

seiner Fahrten verirrte sich Thor in einer waldigen Gegend.
of-his travels went-astray [himself] Thor in a wooded region

Bei ihm waren nur sein Diener Thialfi und der Gott Loki.
at him were only his servant Thialfi and the god Loki
(with)

Gegen Abend fanden die müden Götter eine Art Halle mit einem
towards evening found the tired gods a sort-of hall with a

großen Loch als Eingang. Sie krochen hinein und machten es
large hole as entrance they crept in and (made it
made themselves

sich für die Nacht bequem. Um Mitternacht fühlten sie ein
to-them- for the night comfortable) at midnight felt they an
comfortable for the night

Erdbeben, das die Wände der Halle erschütterte. Erschrocken
earthquake which the walls of-the hall shook frightened

flohen die Götter ins Freie. Draußen war es stockfinster, und
fled the gods into-the (free) outside was it (entirely-dark) and
open pitchdark

so legten sie sich auf die Erde und schliefen wieder ein, während
so (laid they themselves) on the (earth) and (slept again in) while
they lay down ground fell asleep again

Thor Wache hielt. In der Morgendämmerung entdeckte der
Thor watch kept in the morning-dawn discovered the

Donnergott, daß der Lärm, den er während der Nacht gehört
thundergod that the noise which he during the night heard

hatte, und das Erdbeben von einem Riesen kamen, der auf dem
had and the earthquake from a giant came who on the

Waldboden lag und schnarchte. Thor wurde wütend und schlug
forest-ground lay and snored Thor became furious and struck

dem Ungeheuer mit dem Hammer auf den häßlichen Kopf. Der
the monster with the hammer on (the) ugly head the
his

Riese erwachte, faßte mit der Hand an die Stirn und grunzte;
giant woke-up seized with (the) hand [at] (the) forehead and grunted
his his

„Was für ein Wind! Die Blätter fallen von den Bäumen."
what [for] a wind the leaves fall from the trees

Dann schnarchte er wieder. Zum zweiten Mal schwang Thor den
then snored he again (to-the) second time swung Thor the
for the

Hammer und gab dem verhaßten Riesenhaupt einen furchtbaren
hammer and gave the hated giant-head a terrible

Schlag. Der Schnarcher sprang auf, rieb die getroffene Stelle und
blow the snorer jumped up rubbed the hit (place) and
spot

knurrte: „Das muß ein Zweig gewesen sein.“ Mit aller Kraft
grumbled that must a twig been have with (all strength)
all his strength

schlug der Gott zum dritten Male zu, daß es wie Donner durch
struck the god (to-the) third time [to] that it like thunder through
for the

den Wald krachte. „Au,“ brüllte der Riese, „mir ist ein Ast auf
the forest (crashed) oh roared the giant (to-me has a branch on
rumbled a branch fell on

den Kopf gefallen. Bei diesem Wind kann ich nicht schlafen.“
the head fallen) (at) this wind can I not sleep
my head in

Bei diesen Worten griff er nach seinem Bündel und seinem
at these words reached he (after) his bundle and his
for

Handschuh und ging fort. Jetzt sahen die erstaunten Götter, daß,
(hand-shoe) and went away now saw the astonished gods that
glove

was sie für eine Halle gehalten hatten, in Wirklichkeit des Riesen
what they (for a hall held had) in reality the giant's
had thought to be a hall

Handschuh gewesen war. Warum konnte Thor seinen Feind nicht
(hand-shoe) been had why could Thor his enemy not
glove

töten? (Fortsetzung folgt.)
kill (continuation follows)
to be continued

Die gemeinsame indogermanische Vergangenheit macht die Aehnlichkeit der klassischen und germanischen Mythologie selbstverständlich. Die nahe Verwandtschaft der griechischen und römischen Mythologie ist bekannt. Die Verwandtschaft der germanischen und klassischen Mythologie ist weniger bekannt. Hier wie dort finden wir einen Hauptgott und seine Frau, einen Gott des Kampfes, eine Göttin der Liebe, einen Gott des Donners usw. Die Riesen spielen in der germanischen Mythologie die Rolle der klassischen Titanen. Sie sind die ewigen Feinde der Götter. Die beste Quelle für die germanische Mythengeschichte ist die Edda, eine norwegische oder besser isländische Sammlung germanischer Göttergeschichten und Heldensagen. Der Gott, von dem wir am meisten wissen, ist Donar oder Thor, der Lieblingsgott der germanischen Bauern.

Böcke ziehen seinen Wagen, und die hölzernen Räder rollen über die Wolken, die donnernd widerhallen. Mit seinem Hammer tötet er die Riesen, mit denen er zusammenstößt, und in wilder Wut spaltet er oft auch Berge und Bäume. Von den Fahrten des rotbärtigen Donnerers gibt es manche lustige Geschichte, wie z. B. die folgende:

Eines Tages verirrte sich Thor mit seinem Diener Thialfi und Loki in einer waldigen Gegend. Als es Nacht wurde, fanden die Götter eine Art Halle mit einem Loch als Eingang. Sie machten es sich bequem und schliefen, bis ein Erdbeben sie um Mitternacht weckte. Die erschrockenen Götter krochen ins Freie. Draußen war es stockfinster, und so legten sie sich auf den Waldboden und schliefen wieder ein. Thor hielt Wache.

Endlich kam die Morgendämmerung, und in ihrem schwachen Lichte konnte der Donnergott einen Riesen auf dem Waldboden liegen sehen, der so gewaltig schnarchte, daß er die Erde erschütterte. Wütend schmetterte Thor einen mächtigen Schlag mit dem Hammer auf das häßliche Haupt des Schlafenden. Das Ungeheuer wachte auf, rieb sich die Stirn und grunzte: „Es ist windig, die Blätter fallen von den Bäumen." Als der Riese wieder eingeschlafen war, gab ihm Thor den zweiten Schlag. Wieder sprang der Schnarcher auf, faßte nach der getroffenen Stelle und knurrte: „Jetzt fallen schon die Zweige von den Bäumen. Was für ein Wind!" Nach diesen Worten legte er sich wieder auf die Erde. Zum dritten Male faßte der Donnergott seinen Hammer und schwang ihn mit aller Kraft auf den verhaßten Kopf seines Feindes. Der stand auf, griff nach seinem Bündel und Handschuh, sagte etwas von dem starken Wind, und daß jetzt schon die Aeste von den Bäumen fielen, und ging fort. Jetzt sahen die erstaunten Götter, daß sie in Wirklichkeit in dem Handschuh des Riesen geschlafen hatten. Warum Thors Hammerschläge den Riesen nicht getötet hatten, konnten sie aber nicht verstehen. (Fortsetzung folgt.)

1. ***Rearrange the following words in sentences:***

1. Ebenso gab es wie in im der klassischen Mythologie germanischen Götterglauben einen Donner- und Wettergott. 2. Die macht Ver-

gangenheit es indogermanische selbstverständlich gemeinsame daß ist ähnlich die der Mythologie germanische griechischen römischen und. 3. Es von den des Donnergottes Fahrten ins gibt Riesenland lustige viele Geschichten. 4. Auf einer in verirrt sich hatte Fahrten seiner ins waldigen Riesenland Gegend der Donnergott einer. 5. Kam fanden Eingang müden Loch eine Götter als die Nacht die Halle Art mit einem als. 6. Um ein Erdbeben erschütterte Mitternacht der die der sie in Halle schliefen Wände. 7. Stockfinster nicht es war Thor sehen und konnte kam von daß einem das Riesen Erdbeben lag auf Erde der der schnarchte und. 8. Dem seinem gab Schläge drei mächtige Thor Riesen Hammer mit nicht töten das er Ungeheuer konnte aber. 9. War in gewesen jetzt die Götter in sahen Wirklichkeit der des Riesen Halle die daß Handschuh.

2. *Form complete sentences of the following words:*

1. Mythologie, Riesen, Rolle. 2. Ursprung, Vergangenheit, Aehnlichkeit, klassisch, Mythologie. 3. Wagen, Wolken, Holzräder, donnern. 4. Blitzstrahl, Bäume, Berge, Thor, Riesen. 5. Stärke, Geist, Donnergott, Geschichten, Edda, Sammlung. 6. Morgendämmerung, sehen, schnarchen. 7. Hammer, schlagen, Kopf, aufwachen, sagen. 8. Hinlegen, einschlafen, Thor, schlagen. 9. Aufstehen, Bündel, Handschuh, Götter, Wirklichkeit.

3. *Answer the following questions in German:*

1. Worin ist die germanische Mythologie der klassischen ähnlich? 2. Was für einen Charakter hat Thor in den alten Göttergeschichten? 3. Wie erklärten (explained) die alten Germanen den Donner? 4. Was tat Thor wenn es blitzte? 5. Warum gab es ein Erdbeben? 6. Was sagte und tat der Riese nach dem dritten Schlag? 7. Warum wollte Thor den Riesen töten? 8. Wofür hatten die Götter den Riesenhandschuh gehalten?

4. *Nouns derived from strong verbs:*

Der Schlag — the blow comes from the strong verb schlagen —to strike. Nouns formed from the stems of strong verbs are masculine. Translate the following sentences and name the verbs from which the nouns have been derived:

1. Der Stier verwundete den Stierkämpfer durch einen Hornstoß. 2. Das Boot sank einen Steinwurf vom Ufer (bank). 3. Dieser Singsang macht mich nervös. 4. Der Kanonenschuß weckte die schlafende Stadt. 5. Der Stich der Biene ist schmerzhaft. 6. Dies ist ein komplizierter Unterarmbruch. 7. Ein Schuß, ein Schrei, und alles war wieder still. 8. Der Arzt gab dem Patienten ein Serum gegen den Biß der Viper. 9. Der Ulan kam von seinem letzten Ritt nicht mehr zurück. 10. Er brachte uns einen kühlen Trunk aus dem Flusse. 11. Ein Ringer muß viele Griffe kennen. 12. Er hörte den Hilferuf seines Freundes. 13. Die Fischerboote kehrten mit ihrem Fang zurück. 14. Er verlor seinen Halt auf dem Eis des Gletschers (glacier), und dann kam der Fall in die Tiefe.

Dritte Aufgabe

THIRD LESSON

Fortsetzung der lustigen Geschichte von Thor
Continuation of-the merry story about Thor

»»««

Im Licht der aufgehenden Sonne fanden Thor und seine
in-the light of-the rising sun found Thor and his

Begleiter endlich ihren Weg, und sie wanderten rasch vorwärts
companions finally their way and they wandered quickly onward

durch Wald und Feld, bis sie zu einer Stadt kamen, deren
through woods and field until they to a city came of-which-the

Mauern und Türme die Wolken berührten. Rings um die Stadt
walls and towers the clouds touched round about the city

lagen fruchtbare Felder und blumige, grüne Wiesen. Die
lay fertile fields and flowery green meadows the

Götter traten durch das Stadttor in die Stadt hinein und,
gods stepped through the city-gate into the city [in] and

ohne daß sie jemand hinderte, gingen sie durch die leeren
(without that them somebody hindered) went they through the empty
without anybody's hindering them

Straßen zur Burg des Riesenkönigs, die mitten in der Stadt
streets to-the castle of-the giant-king which in-the-middle of-the city

lag. Wieder ließ man sie sogleich herein, und sie traten in eine
lay again let one them at-once in and they stepped into a

Halle, aus der ein gewaltiger Lärm scholl. Hier saßen ein paar
hall from which a tremendous noise sounded here sat a couple

hundert Riesen auf langen Holzbänken beim Bier. Die Götter
hundred giants on long wood-benches (at-the) beer the gods
drinking

gingen schnell an den lachenden und schwatzenden Riesen vorbei
went quickly past the laughing and chattering giants [past]

und blieben vor dem Sitz des Riesenkönigs stehen. Der Donner-
and (remained) before the seat of-the giant-king (stand) the thunder-
stopped

gott bat ihn um Aufnahme für die Nacht, denn es wurde spät,
god asked him for reception for the night for it became late

und die Götter konnten nicht weiter. Der König sah sie höhnisch
and the gods could-go not farther the king (saw them) mockingly
looked at them

lächelnd an und sagte: „Das ist nicht so einfach. Wer bei uns
smiling (at) and said that is not so simple he-who with us

bleiben will, muß alle anderen Anwesenden in einem übertreffen.
to-stay wants must all others (being-there) in (one) outdo
present something

Gebt uns Proben von euer Kraft oder Geschicklichkeit, und ihr
give us examples of your strength or skill and you

werdet willkommen sein. Wenn ich mich nicht irre, bist du
will welcome be if I (myself) not am-mistaken are you

der große Thor. Vielleicht siehst du Knirps schwächer aus als
the great Thor perhaps look you stripling weaker [out] than

du bist. Nun, wir werden sehen." Die Götter schwiegen eine
you are well we shall see the gods were-silent a

Weile. Endlich trat Loki vor und sagte: „Ich kann schneller
while finally stepped Loki forth and said I can faster

essen als irgend jemand. Ist hier irgendeiner, der mit mir
eat than anybody is here anyone who with me

um die Wette essen möchte?" Der König winkte, und einer
(for the bet eat would-like-to) the king motioned and one
would like to eat in competition

seiner Diener stellte sich Loki gegenüber. Ein anderer Diener
of-his servants placed himself Loki opposite an other servant

brachte einen Holztrog voller Fleisch und setzte ihn zwischen die
brought a wood-trough full-of meat and placed it between the

beiden Wettkämpfer. Beide begannen zugleich zu essen. Hungrige
two (bet-fighters) both began at-once to eat hungry
contestants

Wölfe hätten nicht schneller fressen können. In kurzer Zeit
wolves would-have not faster eat been-able-to in short time

trafen ihre Köpfe genau in der Mitte des Troges zusammen.
met their heads exactly in the middle of-the trough [together]

Leider hatte Loki den Kampf verloren, denn der Riesendiener
unfortunately had Loki the fight lost for the giant-servant

hatte mit dem Fleisch auch das Holz des Troges verschlungen.
had with the meat also the wood of-the trough devoured

Die Riesen lachten, daß die Wände der Halle zitterten, und
the giants laughed (that) the walls of-the hall trembled and
so that

beschämt setzte sich Loki in eine dunkle Ecke. Als zweiter
ashamed (seated himself) Loki in a dark corner as second
sat down

versuchte Thialfi die Bedingung des Königs zu erfüllen. Er
tried Thialfi the condition of-the king to fulfill he

lief mit einem anderen Diener um die Wette, aber sein Gegner
(ran with an other servant for the bet) but his opponent
ran with another servant in competition

lief zehnmal so schnell wie er. Jetzt war Thor an der Reihe,
ran ten-times as fast as he (now was Thor at the row)
now it was Thor's turn

und alle warteten gespannt darauf, was Thor tun würde. Der
and all waited in-suspense for-it what Thor do would the

König gab seinem berühmten Gast ein großes Trinkhorn mit
king gave his famous guest a large drinking-horn with

den Worten: „Wer dies Horn auf einen Zug leer trinken kann,
the words he-who this horn at one draught empty drink can

gilt bei uns als ein guter Trinker. Ein gewöhnlicher Trinker
passes with us for a good drinker an ordinary drinker

braucht zwei Züge, wer drei braucht, ist ein Schwächling."
needs two draughts he-who three needs is a weakling

Seines Sieges sicher packte Thor das Horn, atmete tief und
of-his victory certain grasped Thor the horn breathed deeply and

zog mit aller Macht. Als er schließlich das Horn von den Lippen
drew with all-his might when he finally the horn from (the) lips
his

nahm, war das Bier nur eine Hand breit gesunken. Wieder
took was the beer only a (hand broad) sunk again
breadth of a hand

holte er tief Atem und trank und trank. Das Horn war immer
(fetched) he deeply breath and drank and drank the horn was (always
drew

noch nicht leer, als er es absetzte. Zum dritten Mal versuchte
still not) empty when he it (off-set) (to-the) third time tried
not yet set down for the

der Gott das Horn zu leeren, aber wieder ohne Erfolg. Das
the god the horn to empty but again without success the

brüllende Lachen der Riesen dröhnte durch die Halle. (Schluß
roaring laughter of-the giants boomed through the hall (conclusion to be
folgt.)
follows) concluded

Als die Sonne aufging, traten Thor und seine Begleiter aus dem Walde. Den ganzen Tag wanderten sie rasch vorwärts, bis sie gegen Abend eine Stadt vor sich sahen, deren Mauern und Türme die Wolken berührten. Rings um die Stadt lagen blumige Wiesen und fruchtbare Felder. In der Mitte der Stadt stand eine riesige Burg. Ohne daß sie jemand hinderte, traten die Götter durch das Stadttor, und bald waren sie in der Burg, aus der ein wilder Lärm scholl. Dem Lärme folgend kamen sie in eine Halle, in der ein paar hundert Riesen auf Holzbänken an Holztischen saßen und Bier tranken.

Das Lachen und Schwatzen hörte auf, als die Götter hereintraten. Schweigend sahen die Riesen ihre Gäste an, die schnell an ihnen vorbei zum Sitz des Königs gingen. Thor bat den Herrscher des Riesenlandes, sie für die Nacht als Gäste aufzunehmen. Der König strich sich den Bart und sagte mit höhnischem Lächeln: „Du bist also der berühmte Thor! Nur wenn ihr in irgendetwas alle hier Anwesenden übertrefft, könnt ihr unsere Gäste sein. Wer mit uns trinken will, muß die Bedingung erfüllen, in einem besser zu sein als alle anderen.“

Loki trat vor: „Laß einen deiner Leute mit mir um die Wette essen! Deine Bedingung ist leicht. Niemand (nobody) kann schneller essen als ich.“ Auf einen Wink des Königs stellte sich einer der Diener Loki gegenüber, während andere Diener einen Holztrog voller Fleisch zwischen die Wettkämpfer stellten. Sie begannen wie hungrige Wölfe das Fleisch zu verschlingen, und, als ihre Köpfe genau in der Mitte des Troges zusammen trafen, war auf keiner Seite des Troges ein Stückchen Fleisch zu sehen. Trotzdem hatte Loki verloren, denn der Diener des Riesenkönigs hatte mit dem Fleisch auch den Holztrog gefressen.

Die Riesen lachten, daß die Halle dröhnte, und der König sagte: „Dies war ziemlich gut, aber leider nicht gut genug. Gebt uns eine andere Probe von eurer Kraft oder Geschicklichkeit!“

Thialfi lief nun mit einem anderen Riesen um die Wette, aber, da sein Gegner zehnmal so schnell lief wie er, konnte auch er die Bedingung des Königs nicht erfüllen.

Jetzt wandte sich der König an Thor: „Ich höre, du giltst bei den Göttern als guter Trinker. Hier hast du mein Trinkhorn. Ich selber und ein paar meiner Leute können es auf einen Zug leeren. Die anderen brauchen zwei Züge. Wer drei Züge braucht, ist ein Schwächling.“ Thor antwortete nichts, sondern packte das Trinkhorn mit siegessicherem Lächeln, holte tief Atem und trank. Als er das Horn von den Lippen nahm, war das Bier aber nur eine Hand breit gesunken. Auch der zweite und dritte Zug hatten keinen Erfolg. Wütend hörte er das brüllende Lachen der Riesen, aber er konnte nichts sagen, das Horn war immer noch voll. (Schluß folgt.)

1. *Rearrange the following words in sentences:*

1. Die dem heraus aus bald Götter Walde wanderten vorwärts kamen und rasch blumige Felder und fruchtbare durch Wiesen bis sahen eine sie gegen Stadt Abend. 2. Waren die leer und Straßen sie ohne hinderte jemand das traten Burgtor daß sie durch hinein die Burg in. 3. Traten in Götter die Halle als sie hundert sahen ein paar Riesen saßen langen Holzbänken an und die auf Holztischen tranken Bier. 4. Vor an lachenden den ging Riesen stehen Thor vorbei und Riesenkönigs dem des Sitz blieb. 5. Aus Aussehen du Knirps ein siehst wie schwacher aber vielleicht bist als dein stärker läßt uns glauben. 6. Will bleiben bei uns wer zeigen eine seiner Geschicklichkeit oder Probe Kraft muß. 7. Beiden die verschlangen Wettkämpfer Wölfe wie das hungrige Fleisch und genau Köpfe ihre Mitte Troges des zusammen trafen der in. 8. Hatte nachdem dreimal Thor zu das leeren Horn versucht gesunken das war nur Bier breit eine Hand.

2. *Make complete sentences of the following words:*

1. Als, Sonne, Wald, heraustreten, vorwärts. 2. Türme, Mauern, Wolken. 3. Wer, bleiben, irgendetwas, besser. 4. Während, nur, Fleisch, Diener, Holz. 5. Jetzt, Thialfi, Reihe, erfüllen, Riesenkönig. 6. Thor, vortreten, warten, berühmt. 7. Wer, ein, Zug, gelten, Trinker, zwei, drei, Schwächling. 8. Thor, versuchen, dreimal, Erfolg, als, absetzen, Hand, sinken. 9. Riesen, Halle, zittern.

3. *Answer the following questions:*

1. Beschreiben Sie die Stadt der Riesen! 2. Wie fanden die Götter ihren Weg zur Halle des Königs? 3. Was taten die Riesen in der Halle? 4. Was taten die Götter, als sie in die Halle traten? 5. Welche Bedingung mußten die Gäste des Königs erfüllen? 6. Warum hatte Loki das Wettessen verloren? 7. Was wollte Thialfi tun? 8. Was wollte Thor mit dem Trinkhorn tun?

4. **Ohne daß — Gelten**

Ohne daß sie jemand hinderte — Without anybody's hindering them. Translate:
1. Ich kam ins Zimmer, ohne daß er mich sah. 2. Er ging nach Hause, ohne daß seine Freunde es wußten. 3. Er half mir, ohne daß er es wußte.

Gelten may mean: to be valid, to pass for, to be considered, to amount to, to be worth, to be at stake. Translate:
1. Beißen gilt beim Ringen nicht. 2. Ein amerikanischer Dollar gilt jetzt zwei Mark sechzig Pfennig. 3. Wer bei uns etwas gelten will, muß intelligent sein. 4. Er gilt als Engländer. 5. Er gilt als der beste Arzt in unserer Stadt. 6. Ihr Paß (passport) gilt nicht. 7. Jeder muß helfen, wenn es gilt, das Vaterland zu schützen (protect).

Vierte Aufgabe

FOURTH LESSON

Schluß der lustigen Geschichte von Thor

End of-the merry story about Thor

»»««

„Ich sehe schon," sagte der König, „im Trinken taugst du
I see already said the king (in-the drinking) worth-are you
as a drinker

nichts. Du bist nicht das, wofür du gehalten wirst. Siehst du
nothing you are not (that wherefore you held are) see you
what you are thought to be

die graue Katze dort drüben? Wenn unsere kleinen Kinder sie
the gray cat (there over) when our little children it
over there

aufheben können, loben wir sie, denn die Katze ist ziemlich schwer."
lift-up can praise we them for the cat is rather heavy

Ohne ein Wort zu erwidern sprang Thor auf, stürzte ans
(without a word to reply) jumped Thor up rushed to-the
without replying a word

andere Ende der Halle, wo eine große, graue Katze einen
other end of-the hall where a large gray cat a

krummen Buckel machte, und packte das Tier beim Bauche,
curved back made and grasped the animal at-the belly

um es dem König an den Kopf zu werfen. Aber trotzdem er
in- (it to-the king at the head to throw) but in-spite-of- he
order to throw it at the king's head the-fact-that

mit aller Kraft hob und zog, konnte er den Mäusetöter nicht
with all-his strength lifted and pulled could he the mouse-killer not

aufheben. „Laß' die Katze los," rief der Riesenkönig, „sie
[up] lift let the cat (loose) called the giant-king it
go

steht ja nur noch mit zwei Pfoten auf der Erde! Außerdem
stands to-be-sure only [yet] with two paws on the earth besides

fürchte ich, daß das viele Lachen meinen Leuten schadet." Atemlos
fear I that the much laughing my people harms breathless

vor Wut und Anstrengung brüllte Thor: „Laß mich mit einem
with fury and strain roared Thor let me with one

von deinen Kerlen ringen, und wir werden sehen, wer hier der
of your fellows wrestle and we shall see who here the

Stärkste ist!" Der König erwiderte mit Verachtung in der
strongest is the king answered with contempt in (the)
his

Stimme: „Hier ist niemand, mit dem du ringen könntest. Jeder
voice here is nobody with whom you wrestle could everyone

meiner Leute würde dir sofort die Knochen im Leibe zerbrechen.
of-my people would (to-you at-once the bones in-the body break-to-pieces)
at once break the bones in your body to pieces

Wenn du aber durchaus ringen willst, dort hinkt meine alte
if you however (by-all-means) to-wrestle want there limps my old
badly

Amme in die Halle. Versuche es, sie auf die Schultern zu werfen!"
nurse in the hall try it her on (the) shoulders to throw
her

Ohne ein Wort sagen, stürzte sich der Donnergott sofort auf
(without a word to say) rushed himself the thunder-god at-once upon
without saying a word

die Alte, und ein erbitterter Kampf begann. Von dem
the old-woman and an embittered fight began by the

höhnischen Gelächter der Riesen zu äußerster Wut gereizt,
mocking laughter of-the giants to most-extreme fury irritated

kämpfte Thor wie ein Rasender, allein es half ihm nichts.
fought Thor like a raving-one but it helped him nothing

Er ermüdete, und mit einem gewaltigen Ruck warf die Alte
he tired and with a tremendous jerk threw the old-woman

den erschöpften Gott auf die Knie. Der Kampf war aus, Thor
the exhausted god on (the) knees the fight was (out) Thor
his over

war besiegt, als die Alte ihn losließ. Mit heuchlerischer
was vanquished when the old-woman him (loose-let) with hypocritical
let go

Freundlichkeit rief der König: „Hoffentlich hat es nicht weh getan!
friendliness called the king I-hope (has it not woe done)
it did not hurt

Ihr könnt euch aber trotzdem zu uns setzen und unsere
you can (yourselves however in-spite-of-all to us set) and our
however sit down with us in spite of all

Gäste sein." — Am nächsten Morgen begleitete der König selbst
guests be (at-the) next morning accompanied the king himself
the

seine Gäste aus der Stadt. Als sie außerhalb der Stadtmauern
his guests out-of the city when they outside-of the city-walls

standen, rief der König ihnen zu: „Bleibt noch einen Augenblick
stood called the king them to stay still a (eye-wink)
moment

und hört! Ihr Götter habt eure Kraft gezeigt, und ich meine
and listen you gods have your strength shown and I my

List. Ich habe euch mit Zauber getäuscht. Du, Thor, hättest
ruse I have you with magic deceived you Thor, would-have

mich im Walde mit dem ersten Schlag getötet, wenn mich der
me in-the forest with the first blow killed if me the

Schlag getroffen hätte. Du hast drei Schluchten in den Felsen-
blow hit had you have three ravines into the rock-

gipfel eines Berges geschlagen, den ich zwischen dich und mich
summit of-a mountain struck which I between you and me

geschoben hatte. Ihr habt gut gekämpft, aber ihr konntet nicht
pushed had you have well fought but you could not

gewinnen. Loki hat mit dem Feuer um die Wette gegessen,
win Loki has with the fire (for the bet eaten)
eaten in competition

und Thialfi ist mit meinem Gedanken um die Wette gelaufen.
and Thialfi (has with my thought for the bet run)
has raced with my thought

Du, Thor, hast Unglaubliches geleistet. Zuerst hast du aus dem
you Thor have unbelievable-things accomplished first have you from the

Meere getrunken und so gewaltig hast du gezogen, daß
sea drunk and so powerfully have you drawn that

es eine Ebbe gegeben hat. Die Katze war in Wirklichkeit die
(it an ebb given has) the cat was in reality the
there was an ebb

Freundin der Riesen, die Weltmeerschlange. Du hast sie beinahe
friend of-the giants the world-sea-snake you have it almost

aus dem Wasser gezogen, und das hätte uns Riesen in große
out-of the water pulled and that would-have us giants in great

Gefahr gebracht. Die Alte, mit der du gerungen hast, war in
danger brought the old-one with whom you wrestled have was in

Wirklichkeit das Alter selber, und das Alter zwingt selbst die
reality [the] old-age herself and [the] old-age forces even the

Götter auf die Knie. Kommt nie wieder! Je weiter Götter
gods on (the) knees come never back the farther gods
their

und Riesen von einander getrennt sind, desto besser!“ Bei diesen
and giants from each-other separated are the better at these

Worten wollte Thor seinen Hammer nach dem Riesen werfen,
words wanted Thor his hammer after the giant throw

aber Riese und Stadt waren plötzlich verschwunden, und anstatt
but giant and city had suddenly disappeared and instead

der grünen Wiesen und fruchtbaren Felder sahen die Götter eine
of-the green meadows and fertile fields saw the gods a

öde Gegend mit nichts als riesigen Felsblöcken.
desolate region with nothing but gigantic rockboulders

Siehst du dort drüben auf dem Gipfel des Berges die drei Schluchten, eine tiefer als die andere? Diesen Berg hat einmal ein Riese zwischen sich und den Gott Thor geschoben, als der Gott mit dem Hammer nach ihm schlug.

Dieser Riese war ein listiger Zauberer, und als die Götter, ohne es zu wissen, als Gäste auf seine Burg kamen, täuschte er sie noch schlimmer (worse). Er ließ Loki mit dem alles verschlingenden Feuer um die Wette essen und Thialfi mit seinem Gedanken um die Wette laufen. Das Trinkhorn, aus dem Thor trank, war mit dem Meere verbunden (connected) und der Gott trank so viel, daß es eine Ebbe gab. Danach zeigte ihm der Riesenkönig eine Katze und sagte: „Ich höre, du bist sehr stark. Wenn du das Tier aufheben kannst, werden wir dich loben, denn es ist eine ziemlich große Katze.“

Thor wollte dem spöttischen Riesen die Katze an den Kopf werfen. Er packte sie am Bauch und hob und zog, aber es half alles nichts. Er konnte natürlich nicht wissen, daß diese Katze in Wirklichkeit die Weltmeerschlange war. Der starke Gott hätte das Ungeheuer beinahe aus dem Wasser gezogen und die Riesen in große Gefahr gebracht, wenn der listige Riesenkönig ihm nicht gesagt hätte, das Tier loszulassen. Wie konnte der arme Thor wissen, daß die hinkende Alte, die in die Halle kam, nicht des Königs Großmutter, sondern das alle bezwingende Alter war? Er kämpfte erbittert, aber er wurde müde, und das Alter warf ihn, wie es jeden geworfen hat.

Selbst als der Riese seine List offenbarte (revealed), konnte ihm Thor nichts tun. Als der Donnergott seinen Hammer nach dem Feinde warf, waren Riese und Stadt verschwunden, und die Götter standen allein in einer öden Gegend. Anstatt der blumigen Wiesen und fruchtbaren Felder sahen sie nichts als riesige Felsblöcke.

Es gibt noch viel mehr lustige Geschichten von Thor. Wenn Sie sich dafür interessieren, holen Sie sich eine gute englische Uebersetzung der isländischen Edda aus der Bibliothek und lesen Sie z. B. die Geschichte, wie Thor seinen Hammer, den die Riesen gestohlen hatten, zurückbekam. In dieser Geschichte sind die Götter die Listigen und die Riesen die Dummen.

1. *Rearrange the following words in sentences:*

1. Dich hält für man einen Trinker aber großen Trinken im nichts du taugst vielleicht zeigen uns du Kraftprobe eine kannst. 2. Spielen aufzuheben versuchen das Tier mit Kinder wenn unsere der Katze sie ist schwer was ziemlich. 3. Trotzdem aller mit Thor Kraft stand zog hob und immer noch das Tier zwei mit der Pfoten auf Erde. 4. Wer deinen zerbreche dem ringen alle will mit mir von Kerlen Leibe im Knochen ich. 5. Alte die sich begann stürzte sofort Rasender Thor auf und wie ein zu ringen. 6. Aller Anstrengung konnnte er trotz werfen die Alte nicht und Kampfe nach erbittertem Knie die zwang den Gott sie auf. 7. Thor war wissen nicht konnte die Alte selbst das Alter daß das Götter zwingt und Menschen Knie auf die. 8. Als wollte den Hammer nach dem Thor Riesen werfen verschwunden er war alleine und standen in zwischen einer Felsblöcken riesigen Gegend öden die Götter.

2. *Make complete sentences of the following words:*

1. Trotz, Anstrengung, Katze. 2. Trinkhorn, Meer, Ebbe. 3. Katze, Wirklichkeit, Weltmeerschlange, beinahe, ziehen. 4. Wenn, ringen, Knochen, Leib. 5. Alte, Wirklichkeit, Alter, selbst, Gott zwingen. 6. Ihr, stark, wir, listig, Zauber, euch, täuschen. 7. Thor, Hammer, Riese, verschwinden, öde, Felsblöcke.

3. *Answer the following questions:*

1. Was wollte Thor mit der Katze tun? 2. Was konnte er nicht mit der Katze tun? 3. Was tat Thor in Wirklichkeit, als er versuchte, die Katze aufzuheben? 4. Warum ließ der Riesenkönig seine Leute nicht mit Thor ringen? 5. Warum gab es eine Ebbe? 6. Warum konnte Thor die Alte nicht besiegen? 7. Warum sahen die Götter nicht, was sie in Wirklichkeit taten? 8. Warum wurde Loki besiegt? 9. Mit wem war Thialfi um die Wette gelaufen? 10. Warum konnte Thor den Riesen im Walde nicht erschlagen?

4. Ich wasche mir die Hände — I wash *my* hands.

Translate:

1. Er liegt mir vor den Füßen. 2. Er schoß dem Tiger eine Kugel in den Kopf. 3. Er brach sich den Arm. 4. Er ließ sich die Haare schneiden. 5. Er stieß seinem Feinde das Schwert in die Brust. 6. Er schlug dem Stier mit einem Stock auf den Buckel. 7. Der Zahnärzt füllte dem Patienten zwei Zähne. 8. Er strich sich die Stirn. 9. Thor threw his hammer at the giant's head. 10. He washes his hands.

Fünfte Aufgabe

FIFTH LESSON

Damit hatte niemand gerechnet

(Therewith) had nobody reckoned
with that

»»««

Wenn Sie einmal um ihrer Bildung willen etwas Besonderes
if you (once) (for-the of-your formation sake) something special
sometime for the sake of your education

tun wollen, dann gehen Sie in eine Bibliothek und verlangen Sie
do want-to then go [you] into a library and demand [you]

ein Buch mit den Werken Albrecht Dürers. Sehen Sie sich die
a book with the works of-Albrecht Dürer look [you] [for-yourself] the

Bilder in aller Ruhe an. Sie müssen das jedoch freiwillig tun
pictures (in all rest) at you must that however voluntarily do
in peace

und es nicht als eine saure Pflicht betrachten. Kunst will mit
and it not as a sour duty regard art wants-to with

Liebe studiert werden, sonst kann sie Ihren Geschmack und Ihr
love studied be otherwise can it your taste and your

Gefühl nicht bilden. —
feeling not form

Deutschlands berühmtester Maler, Albrecht Dürer, war ein
Germany's most-famous painter Albrecht Dürer was a

Zeitgenosse Martin Luthers. Als Dürer in Nürnberg malte,
(time-companion) of-Martin Luther when Dürer in Nuremberg painted
contemporary

erlebte seine Vaterstadt eine Glanzzeit, in der Kunst, Handwerk
experienced his (father-town) a (splendor-time) in which art (handwork)
home town golden age crafts

und Handel blühten, wie nie wieder in späteren Jahrhunderten.
and commerce flourished as never again in later centuries

Wackenroder, der Romantiker und Wiederentdecker Dürers,
Wackenroder the Romanticist and rediscoverer of-Dürer

schreibt: „Als Albrecht den Pinsel führte, da war der Deutsche
writes when Albrecht the brush (led) then was the German
handled

noch ein eigentümlicher Charakter, und seinen Bildern ist nicht
still a peculiar character and to-his pictures is not

nur in Gesichtsbildung und im ganzen Aeußern, sondern auch im
only in face-formation and in-the whole exterior but also in-the

innern Geiste, dieses ernsthafte, gerade und kräftige Wesen des
inner spirit this serious (straight) upright and strong (being) nature of-the

deutschen Charakters treu und deutlich eingeprägt." Dürers
German character faithfully and distinctly (in-coined) impressed Dürer's

Kupferstich „Ritter, Tod und Teufel" ist ein gutes Beispiel
(copper-sting) copper-plate engraving knight death and devil is a good example

dessen, was Wackenroder von Dürer sagt. Man kann ohne
of-that which Wackenroder about Dürer says one can without

Uebertreibung behaupten, daß „der junge Hase", „das große
exaggeration maintain that the young hare the big

Rasenstück" und die anderen bekannten Wasserfarbenmalereien
lawn-piece and the other well-known watercolor-paintings

von Blumen und Tieren in Tausenden von guten Drucken in
of flowers and animals in thousands of good prints in

Amerika und Europa verbreitet sind.
America and Europe spread are

Aber hören Sie die Anekdote, die von dem großen Meister erzählt
but hear [you] the anecdote which about the great master told

wird! Eines Tages geschah es, daß ein italienischer Maler, der
is one day happened it that an Italian painter who

durch Deutschland reiste und einige Tage in Nürnberg blieb,
through Germany traveled and several days in Nuremberg stayed

vor Freunden Dürers kühn behauptete, besser malen zu können
before friends of-Dürer boldly maintained better paint to be-able-to

als der Deutsche. Man stritt hin und her, und, da der Fremde
than the German one quarreled to and fro and since the stranger

seine eigenen Bilder nicht bei sich hatte und so seine kühne
his own pictures not with him had and thus his bold

Behauptung nicht beweisen konnte, beschloß man, er solle in
statement not prove could decided one he should in

einem Wettkampf zeigen, was er leisten könne. Der Italiener
a (bet-fight) show what he accomplish could the Italian
contest

sagte: „Ich werde mit meiner überlegenen Technik in zwei Tagen
said I shall with my superior technique in two days

ein Bild malen, eine Leistung, die mir Dürer nicht nachmachen
a picture paint an accomplishment (which me Dürer not after-make
which Dürer will not duplicate

wird." Dürer nahm die Herausforderung an, und nach zwei
will) Dürer (took) the challenge (on) and after two
accepted

Tagen erschienen die beiden Meister vor den Kunstrichtern in
days appeared the two masters before the art-judges in

einer Kirche. Viele Einwohner Nürnbergs, die von dem seltsamen
a church many inhabitants of-Nuremberg who of the strange

Wettkampf gehört hatten, waren auch da, in der Hoffnung,
(bet-fight) heard had were also there in the hope
contest

ihren Mitbürger siegen zu sehen. Der Italiener hatte fleißig
their (with-citizen) (conquer) to see the Italian had indus-
fellow citizen victorious triously

gearbeitet und er zeigte der erstaunten Menge ein farbenfreudiges
worked and he showed the astonished crowd a (color-gay)
colorful

Bild von Meergöttern und Meerungeheuern, die in den Wellen
picture of seagods and sea-monsters who in the waves

mit einander kämpften. Wie konnte Dürer das übertreffen? Die
with each-other fought how could Dürer that (over-hit) the
excel

Richter, denen das Bild des Italieners gefiel, baten den
judges (whom) the picture of-the Italian (pleased) asked the
who liked

Nürnberger, jetzt sein Bild auszustellen, aber Dürer hatte weder
Nuremberger now his picture (out-to-put) but Dürer had neither
to exhibit

eine Malerei noch eine Zeichnung bei sich. Statt dessen zog er
a painting nor a drawing (at) him instead of-that drew he
with

ein Stück Kreide und einen Lappen aus der Tasche, wischte die
a piece chalk and a rag from (the) pocket wiped the
his

Liedernummern von der Tafel, die in der Kirche stand, und
song-numbers from the blackboard which in the church stood and

zeichnete freihändig einen Kreis mit Mittelpunkt auf die Tafel.
drew free-hand a circle with (middle-point) on the blackboard
center

Damit hatte niemand gerechnet. Die Richter prüften jedoch
(therewith) had nobody reckoned the judges examined however
with that

den Kreidekreis mit einem Zirkel, und jeder Zuschauer konnte
the chalk-circle with a pair-of-compasses and every onlooker could

sehen, daß der freihändig gezogene Kreis in Peripherie und
see that the free-hand drawn circle in periphery and

Mittelpunkt genau mit dem Instrument übereinstimmte. Dürer
(middle-point) exactly with the instrument coincided Dürer
center

hatte gewonnen. Gefällt Ihnen diese Entscheidung etwa nicht?
had won (pleases you this decision perhaps not)
Do you mean to say you don't like this decision?

Dann versuchen Sie es einmal selber, so einen Kreis zu
then try [you] it once yourself such a circle to

zeichnen!
draw

Wenn Sie einem Freund oder einer Freundin etwas besonders Schönes schenken wollen, geben Sie ihm oder ihr einen Dürerdruck. Dem Freunde können Sie vielleicht den Kupferstich „Ritter, Tod und Teufel" geben. Für die Freundin ist „das große Rasenstück" oder „der junge Hase" besser. Gehen Sie in eine Bibliothek und sehen Sie sich Dürerbilder an, bevor Sie sich Drucke kommen lassen. Vielleicht gefallen Ihnen andere Dürerbilder besser. Sie wissen: **De gustibus non est disputandum**— über den Geschmack kann man nicht streiten. Mir gefallen Dürers Blumen und Tiere am besten, denn ich bin Romantiker. Kennen Sie übrigens (by the way) den Romantiker Wackenroder? Wenn Sie mehr Deutsch können, müssen Sie einmal lesen, was er über Dürer zu sagen hat. Hier ist eine Probe: „Als Albrecht den Pinsel führte, da war der Deutsche noch ein eigentümlicher Charakter, und seinen Bildern ist nicht nur in Gesichtsbildung und im ganzen Aeußeren, sondern auch im innern Geiste, dieses ernsthafte, gerade und kräftige Wesen des deutschen Charakters treu und deutlich eingeprägt."

Können Sie einen freihändigen Kreis zeichnen, so daß Peripherie und Mittelpunkt genau mit dem Zirkel übereinstimmen? Versuchen Sie es in aller Ruhe! — Sie können es nicht. Also, Dürer hatte den Wettkampf gewonnen. Den Richtern gefiel das Bild des Italieners, aber er hatte soviel von seiner Technik gesprochen, daß Dürers Geschicklichkeitsprobe mehr galt als seine Kunst. Dürer brauchte nicht zu zeigen, was er als Künstler konnte, denn das wußte die ganze Stadt.

Haben Sie in den Kirchen Ihrer Vaterstadt auch Tafeln, auf die die Liedernummern geschrieben werden? In den Kirchen kleiner Städte werden in Deutschland heute noch solche Tafeln gebraucht, aber meistens werden die Nummern nicht daraufgeschrieben sondern eingeschoben.

Heute noch gibt es viele Leute, die behaupten, die Italiener wären bessere Maler gewesen als Dürer. Ich glaube, man kann hier nicht von „besser", sondern nur von „anders" sprechen. Dürer hat wie ein Deutscher gemalt, weil er die Welt wie ein Deutscher gesehen hat. Die italienischen Meister haben ihre Welt wie Italiener gesehen und wie Italiener gemalt.

1. ***Rearrange the following words in sentences:***

1. Auch müssen der Dürer Meister Kunst Albrecht um seiner willen viel studieren hat viel und arbeiten fleißig. 2. Zur Zeitgenosse Zeit der lebte in Reformation Martin Dürer Albrecht Luthers als Nürnberg. 3. Wenn man studiert man kann Liebe Kunstwerke mit seinen Geschmack Gefühl und sein bilden. 4. Das war Glanzzeit für Nürnberg Jahrhundert eine sechzehnte der in blühten Kunst und Handel Handwerk in Jahrhunderten späteren nie wie wieder. 5. Zu Wackenroder Beginn des neunzehnten Jahrhunderts wiederentdeckt hat der Romantiker Maler den deutschen Dürer Maler aber heute jeder Deutsche gebildete den Meister Nürnberger kennt. 6. Der Ritter Kupferstich zeigt Tod und Teufel Wesen das ernsthafte gerade und kräftige des der Deutschen Dürerzeit das lobt Wackenroder. 7. Die baten Dürers Freunde den Italiener beweisen vor zu kühn Nürnberger Kunstrichtern behauptete was er so. 8. Trotzdem hatte er Herausforderung die angenommen des tat Fremden Dürer nichts malte fleißig während der Italiener. 9. Weder noch

gerechnet Menge der Richter die Zuschauer die hatten damit würde Geschicklichkeit zeigen nur Dürer seine daß technische.

2. *Make complete sentences of the following words:*

1. Wer, Geschmack, bilden, Kunst, studieren. 2. Wenn, Dürer, ansehen, können, Wesen, studieren. 3. Jahrhundert, Glanzzeit, blühen. 4. Geben, kaufen, Druck, z. B., Hase. 5. Italiener, malen, zwei, Tage. 6. Technik, Leistung, nachmachen. 7. Als, beide, Kirche, Kunstrichter, erscheinen, Fremde, Bild, aber, Dürer, weder, noch. 8. Mit, Lappen, wischen, Tafel, dann, Kreide, zeichnen, freihändig. 9. Damit, rechnen, weder, noch, aber, gewinnen, denn, Kreis, Zirkel.

3. *Answer the following questions:*

1. Was kann man an Dürers Bildern studieren? 2. Wozu taugt das Studium der Kunst? 3. Was wissen Sie von Wackenroder? 4. Was wissen Sie von Nürnberg? 5. Was für Dürerdrucke würden Sie einem Naturfreund schenken? 6. Weshalb stritten Dürers Freunde mit dem Italiener? 7. Was beschlossen die Streitenden? 8. Beschreiben (describe) Sie das Bild des Italieners! 9. Wie gewann Dürer den Wettkampf?

4. *Observe:* **sauber** — clean, **säubern** — to clean

Translate: 1. Der Wind rötete sein Gesicht. 2. Das Gift (poison) tötete die Ratte sofort. 3. Die Soldaten schärften ihre Bajonette. 4. Ich sage nur: „Bessere dich!" 5. Das Fieber hat den Kranken geschwächt. 6. Diese Suppe wird den Kranken stärken. 7. Dies Buch hat meinen geistigen Horizont geweitet. 8. Wir müssen die Wände unseres Zimmers weißen. 9. Die Indianer härteten Holz im Feuer.

Sechste Aufgabe

SIXTH LESSON

Der Raubritter

The robber-knight

»»««

Die guten Bürger Nürnbergs fürchteten ſich vor dem
the good townspeople of-Nuremberg were-afraid [themselves] (before) the
of

wilden Raubritter Eppelein von Gailingen. Dieſem kriegeriſchen
wild robber-knight Eppelein von Gailingen (to-this) warlike
this

Edelmann fehlte ſtets Geld, denn er liebte ſchöne Kleider, ſchöne
nobleman lacked always money for he loved beautiful clothes beautiful

Pferde und feſte Burgen. Da nun die Handelsſtadt Nürnberg
horses and (firm) castles since now the commercial-city Nuremberg
strong

mit ihren Kaufleuten und anderen reichen Einwohnern ganz in
with its (buy-people) and other rich inhabitants quite in
merchants

der Nähe war, und er den Geſchäftsgeiſt der Städter haßte,
the (nearness) was and he the business-spirit of-the townspeople hated
vicinity

ſo war das eine ſchöne Gelegenheit, andere ſeine Rechnungen
so was that a beautiful occasion others his bills

bezahlen zu laſſen. — Kurz und gut, Eppelein von Gailingen
pay to let (shortly and well) Eppelein von Gailingen
in short

war der tüchtigſte Raubritter in der Umgebung von Nürnberg.
was the most-capable robber-knight in the surroundings of Nuremberg

Zu allen Jahreszeiten war er mit ſeinen Leuten unterwegs,
at all seasons was he with his people on-the-way

um Warenzüge zu überfallen, oder reiche Bürger auf
in-order merchandise-caravans to (fall-over) or rich townspeople (on)
attack suddenly to

ſeine Burg zu ſchleppen und dann Löſegeld zu ſammeln.
his castle to drag and then (loosening-money) to collect
ransom

Beobachten wir ihn bei der Arbeit! — Der fette Händler Püterich
(watch we) him at [the] work the fat merchant Püterich
let us watch

hat gute Geschäfte gemacht und reitet glücklich und zufrieden heim.
has good business made and rides happily and satisfied home

Einige bewaffnete Diener begleiten ihn, und außerdem hat er
some armed servants accompany him and besides has he

einen versteckten Waldpfad gewählt, er fühlt sich sicher. Leider
a hidden forest-path chosen he feels [himself] safe unfortunately

war Eppelein schlauer als der Dicke. Plötzlich sieht sich Püterich
was Eppelein slyer than the fat-one suddenly sees himself Püterich

auf allen Seiten von gepanzerten Reitern umgeben. Seine Diener
on all sides by armored horsemen surrounded his servants

wagen es nicht, ihre Waffen gegen solche Feinde zu gebrauchen,
dare it not their weapons against such enemies to use

und fliehen in die Büsche. Eppelein lenkt sein riesiges Schlacht-
and flee into the bushes Eppelein (conducts) his gigantic battle-
steers

roß neben das Pferdlein des zitternden Kaufmanns, streicht
horse beside the little-horse of-the trembling (buy-man) strokes
merchant

sich den Bart und sagt mit liebenswürdigem Lächeln: „Ohne
[himself] (the) beard and says with amiable smile without
his

Zweifel, dies ist mein alter Freund Püterich. Wie geht es dir
doubt this is my old friend Püterich. how (goes it with-you)
are you

denn, Dickerchen? Du bist ja viel zu dick geworden. Mit dem
now fatty you have indeed much too fat become with that

Bauch kannst du unmöglich nach Hause kommen. Dein Frauchen
belly can you impossibly [to] home come your wifey

wird dich so nicht mögen. Es tut mir leid, daß ich dich zwingen
will you thus not like (it does me sorrow) that I you force
I am sorry

muß, mich auf meiner Burg zu besuchen, aber du mußt meine Kur
must me (on) my castle to visit but you must my cure
at

versuchen. Ich bin überzeugt, mein Mittel wird dich schlank
try I am convinced my (means) will you slender
medicine

machen. Mit anderen Gästen habe ich auch großen Erfolg
make with other guests have I also great success

gehabt. — Nebenbei, ich sehe, du besitzest einen vollen Geldbeutel.
had by-the-way I see you possess a full money-bag

— Darf ich dich daran erinnern, du hast ihn unter den Sattel
may I you of-it remind you have it under the saddle

gesteckt, als du mich kommen sahst. Den solltest du meinen Leuten
stuck when you me come saw that ought-to you to-my people

schenken, zur Belohnung dafür, daß sie sich so viel Mühe
present (to-the) reward for-it that they (themselves so much toil
as a have tried so hard

gegeben haben, dich zu finden. Du hast es ihnen nicht leicht
given have) you to find you have it for-them not easy

gemacht." Püterich erwidert mürrisch: „Du lachst und machst
made Püterich answers grouchily you laugh and (make

dich über mich lustig. Vergiß nicht: Wer zuletzt lacht, lacht
yourself over me merry) forget not he-who last laughs laughs
ridicule me

am besten." Unter solchen Gesprächen kommt der Reitertrupp
[at-the] best (under) such conversations (comes) the rider-group
with arrives

in Eppeleins Burg an. Alle steigen im Burghof ab, und
(in) Eppelein's castle (at) all (climb) in-the castle-yard (off) and
at dismount

Eppelein führt seinen Gast in den großen Wohnraum der
Eppelein leads his guest into the large (living-space) of-the
living-room

Burg, während er den Dienern zuruft: „Beeilt euch, ihr
castle while he (to-the servants to-calls) (hurry yourselves) you
calls to the servants hurry up

Schlafmützen, wir wollen was (etwas) Gutes zu essen haben!"
(sleep-caps) we want-to something good to eat have
dullards

Püterich sitzt auf dem Ehrensitz neben Eppelein und sieht mit
Püterich sits on the honor-seat beside Eppelein and sees with

gierigen Augen, wie ein Gericht nach dem anderen von den
greedy eyes how one dish after the other by the

hungrigen Räubern verschlungen wird. Eppelein ißt besonders
hungry robbers devoured is Eppelein eats especially

viel. Während Püterich nur einen Krug Wasser bekommt,
much while Püterich only a pitcher water gets

verspeist sein Wirt mit sichtbarem und hörbarem Appetit gekochte
eats-up his host with visible and audible appetite cooked

Fische, gebratene Hühner, Früchte, Kuchen und trinkt dazu
fishes roasted chicken fruit cake and drinks (to-it)
with it

deutsche und ausländische Weine. Hin und wieder wischt sich
German and (outlandish) wines (hither and again) wipes [himself]
foreign now and then

Eppelein den Mund und fragt sein armes Opfer: „Na,
Eppelein (the) mouth and asks his poor victim well
his

schmeckt's (schmeckt es)?“ Endlich ist Eppelein mit dem Essen
(tastes-it) finally is Eppelein with the eating
how does it taste

fertig. Er schlägt dem Nürnberger auf die Schulter und beginnt:
finished he strikes (to-the) Nuremberger on the shoulder and begins
the

„Püterich, jetzt fängt deine Kur richtig an. Dieser Knabe hier
Püterich now (catches) your cure (rightly) (on) this boy here
begins really

wird dich ins Gastzimmer führen. Heute mußt du den Rest
will you into-the guestroom lead today must you the remainder

des Tages fasten. Morgen, Mittwoch, bekommst du Brot und
of-the day fast tomorrow Wednesday receive you bread and

Wasser, übermorgen erhältst du nur Wasser, überübermorgen
water (over-tomorrow) receive you only water (over-over-tomorrow)
the day after tomorrow two days from now

ist Freitag, da darfst du dir nur die Zunge naß machen.
is Friday then may you (yourself only the tongue wet make)
only wet your tongue

Morgen bespreche ich die Kur mit dir genauer. Schlaf gut!“
tomorrow discuss I the cure with you more-exactly sleep well

(Fortsetzung folgt.)
(continuation follows)
to be continued

„Fürchtest du dich nicht vor Eppelein?“ fragte Frau Püterich, als ihr Mann sich für eine Geschäftsreise fertig machte. „Mach dir keine Sorgen!“ antwortete der fette Kaufmann, „ich bin schlauer als dieser Kerl! Eppelein hat sich vor zwei Wochen eine feste Burg in der Nähe von Schwabach (proper name) bauen lassen. Es fehlt ihm also nicht an Geld, und wahrscheinlich führt er jetzt ein bequemes Leben auf seiner Burg. Auch ein Räuber kann nicht zu allen Jahreszeiten unterwegs sein. Außerdem begleiten mich Kunz, Emil, Adolf, Erich und die drei Brüder, die an der Mauer wohnen. Wir reiten auf einem versteckten Waldpfad, den Erich gut kennt. Wie kann der Räuber mich finden?“ „Und wenn er dich nun doch (nevertheless) findet?“ „Laß ihn nur kommen, wir sind alle gut bewaffnet. — Hast du übrigens was Gutes zu essen? Ich habe furchtbaren Hunger.“

Der fette Kaufmann ging ins Eßzimmer und aß zwei gekochte Forellen (trouts), ein gebratenes Huhn, Früchte und Kuchen, und dazu trank er eine große Flasche Rheinwein. „Iß nicht so viel“, sagte seine Frau während des Essens. „Du wirst täglich dicker. Ich verstehe nicht, wie du mit deinem dicken Bauch aufs Pferd steigen kannst.“ Püterich antwortete mit zufriedenem Lächeln: „Trotz meines dicken Bauches mache ich noch gute Geschäfte. — Der Hühnerbraten übertraf alle Hühnerbraten, die ich je gegessen habe. Du bist das tüchtigste Frauchen in Nürnberg und seiner Umgebung.“

Am nächsten Morgen rief das tüchtige Frauchen: „Glückliche Reise, liebes Männchen!“ als Püterich mit seinen bewaffneten Dienern aus dem Stadttor ritt.

Die Reise war aber nicht glücklich. Die Geschäfte gingen zwar gut, aber auf dem Heimwege wurde Püterich von Eppelein und seinen Leuten überfallen. Kunz, Adolf, Emil, Erich und „die drei Brüder, die an der Mauer wohnen“, wagten es nicht, mit Eppeleins wilden Leuten zu kämpfen. Sie ließen ihre Waffen auf dem versteckten Waldpfade liegen und liefen in die Büsche. Der zitternde Püterich versuchte seinen Geldbeutel zu verstecken, aber Eppeleins scharfe Augen sahen es, und der Kaufmann mußte Eppeleins Leuten das Geld als Belohnung dafür geben, daß sie sich solche Mühe gegeben hatten, ihn zu finden. Eppelein zwang den zitternden Püterich mitzukommen. Auf der Burg begann die Kur für den armen Mann, denn Eppelein wollte ihn nicht mit seinem dicken Bauch heimgehen lassen. Während der Räuber mit sichtbarem und hörbarem Appetit ein Gericht nach dem anderen aß, erklärte er die Kur. „Morgen erhältst du nur Wasser und Brot. Uebermorgen ist Freitag, da darfst du dir nur die Zunge naß machen und überübermorgen wirst du viel Wasser und auch etwas Brot bekommen. Wenn du nach der Kur zu deiner Frau heimkommst, wirst du keinen Bauch mehr haben." Mit diesen Worten schickte der Räuber sein Opfer ins Gastzimmer. (Fortsetzung folgt.)

1. ***Rearrange the following words in sentences:***

1. Vor die Nürnbergs reichen Bürger Kaufleute und sich dem Raubritter Eppelein fürchteten. 2. Feste Kleider schnelle Burgen und schöne Pferde da liebte er ihm oft fehlte Geld aber ließ die Nürnberger er Kaufleute bezahlen Rechnungen seine. 3. Sattel Jahreszeiten Händler Burg Lösegelder schleppen saß zu auf im er allen um zu seine und sammeln. 4. Glücklich zufrieden war gute versteckten Geschäfte glücklich und Eppelein Püterich der denn hatte gemacht er aber nicht endete die Reise denn überfiel ihn auf Waldpfad einem zu einer und ihn zwang „Kur" auf seiner Burg. 5. Sagte der Dickerchen Raubritter Lächeln mit Bauch liebenswürdigem mit dem kannst du nicht zu zurückkommen Frauchen deinem aber Sorgen dir mach keine schlank habe dich zu machen ich ein Mittel. 6. Den unter deinem Sattel Geldbeutel du geben aber mußt Leuten dafür meinen daß gegeben haben sie sich viel so Mühe zu dich finden. 7. Während aßen die Räuber nach ein dem anderen schönes Gericht Püterich nur erhielt Krug einen Wasser. 8. Als war fertig Eppelein mit Essen wischte sich die Schulter er schlug seinem auf den Mund Gast und sagte jetzt die beginnt Kur. 9. Morgen Freitag da ist du mußt fasten übermorgen bekommst Wasser du und Brot überübermorgen und kannst dir du die Zunge nur naß machen.

2. ***Make complete sentences of the following words:***

1. Geld, fehlen, überfallen, Warenzug, Kaufmann, Rechnung. 2. Püterich, fürchten, Reise, Diener, Waldpfad. 3. Eppelein, Leute, Mühe, erhalten, Belohnung, Geldbeutel. 4. Trotzdem, bewaffnet, fliehen, wagen, Räuber, kämpfen. 5. Wenn, Bauch, heimkommen, Frau, nicht, mögen. 6. Mittel, andere, Gäste, Erfolg, überzeugt, du, schlank. 7. Heute, morgen, übermorgen, überübermorgen.

3. *Answer the following questions:*

1. Was ist ein Raubritter? 2. Warum fehlte es dem Eppelein immer an Geld? 3. Welchen Grund (reason) hatte Eppelein für seine Ueberfälle auf die Warenzüge der Nürnberger Kaufleute? 4. Was tat der Kaufmann Püterich für seine Sicherheit (safety)? 5. Mit welchem Mittel versuchte Eppelein Lösegeld für Püterich zu bekommen? 6. Was aß und trank ein Ritter im fünfzehnten Jahrhundert auf seiner Burg? 7. Wie sah Eppelein von Gailingen aus? 8. Wie sah Püterich aus? 9. Was wußte Eppelein von Püterich, ehe er ihn überfiel? 10. Was erzählten die Diener, als sie nach dem Ueberfall nach Nürnberg zurückkamen?

4. **Ganz** — entire, very, quite

Translate: 1. Er ist ein ganz guter Tennisspieler, aber nicht so gut wie sein Bruder, der südwestdeutscher Amateurmeister (Meister—champion) ist. 2. Sie singen eine ganze Oktave zu tief. 3. Ganz Amerika kennt den deutschen Filmschauspieler Emil Jannings. 4. Ich wohne ganz nahe der Bank. 5. Dieser kleine Kerl ist ganz wie sein Vater. 6. Setzen Sie Ihren Hut ein ganz kleines bißchen mehr nach rechts.

Siebente Aufgabe

SEVENTH LESSON

Der Raubritter (Fortsetzung)
The robber-knight continuation

»»««

Dem armen Püterich wurde schlecht zumute, als er das „Gast-
(to-the) poor Püterich became sick at-heart when he the guest-
the

zimmer" sah. Er war in seinem Leben noch nie ernstlich in Gefahr
room saw he had in his life (yet never) seriously in danger
never yet

gewesen, nicht einmal in dem Augenblick, als ihn ein unzufriedener
been (not once) in that moment when him a dissatisfied
not even

Kunde mit einem Stock verprügeln wollte, denn damals hatte
customer with a stick beat-up wanted-to for at-that-time had

er seine Leibgarde bei sich. Das Gastzimmer überzeugte ihn,
he his body-guard (at) him the guestroom convinced him
with

daß es dem Raubritter Ernst war, ihn verhungern zu lassen,
that (it to-the robber-knight serious was) him starve to let
the robber-knight meant

wenn das Lösegeld nicht rechtzeitig zur Stelle wäre. —
if the (loosening-money) not (right-timely) (to-the place) was
ransom in time at hand

Er sah sich in dem Gastzimmer um. Es lag unter einem
he looked [himself] in the guestroom around it lay under a

gewaltigen, runden Turm, an einem Orte, wo weder Sonne
tremendous round tower at a place where neither sun

noch Mond hinschien. Durch ein kleines vergittertes Fenster kamen
nor moon (to-shone) through a small barred window came
shone

von draußen die Gerüche des nicht all zu sauberen Hofes herein.
from outside the smells of-the not all too clean courtyard in

Drinnen tropfte es von den dreckigen Wänden und der Steindecke
inside dripped it from the dirty walls and the stone-ceiling

auf das faule Stroh, mit dem der Boden bedeckt war. Zitternd
upon the rotten straw with which the floor covered was trembling

vor Kälte und Angst legte sich Püterich auf das schmutzige Brett,
from cold and fear (laid himself) Püterich on the dirty board
lay down

das sein Bett sein sollte. Der Hunger und das unbequeme
which his bed be was-to [the] hunger and the uncomfortable

Lager ließen ihn nicht einschlafen, und immer wieder mußte er
couch let him not fall-asleep and (always again) had-to he
again and again

daran denken, was ihm seine Frau bei der Abreise gesagt hatte:
of-it think what him his wife at (the) departure said had
his

„Nimm dich vor dem verfluchten Eppelein in acht! — Paß'
(take yourself before the cursed Eppelein in heed) watch
beware of the cursed Eppelein

auf, daß du dich nicht erkältest! Iß nicht zu viel! Betrink'
out that you [yourself] not catch-cold eat not too much get-drunk

dich nicht unnötig oft! Denk' an dein schwaches Herz,
[yourself] not unnecessarily often think of your weak heart

du bist kein Jüngling mehr! Gib acht, daß du keine nassen Füße
you are (no youth more) (give heed) that you no wet feet
no longer a youth watch out

kriegst! Bleib' nicht zu lange fort, und, wenn es dir gut geht,
get stay not too long away and if (it with-you well goes)
you are well

denk' an dein kleines Frauchen, das dich lieb hat, und bring' ihm
think of your little wifey who you (dear has) and bring her
loves

was (etwas) Schönes mit!" —Als Püterich endlich gegen Morgen
something beautiful (with) when Püterich finally towards morning
back

einschlief, wurde er schon wieder von seinem groben Gastgeber
fell-asleep was he already again by his crude (guest-giver)
host

geweckt. Singend und pfeifend stieg Eppelein die enge Treppe
awakened singing and whistling climbed Eppelein the narrow stairs

hinunter, die zum Kerker führte, schloß die dicke Eichentür auf
down which to-the dungeon led (locked) the thick oak-door (open)
unlocked

und rief mit fröhlicher Stimme, als er eintrat: „Guten Morgen,
and called with cheerful voice when he entered good morning

Dicker! Was hast du? Warum so traurig? Sei ganz
fat (what have you) why so sad be entirely
what is the matter with you

ruhig, du befindest dich in guten Händen! Falls du etwas
calm you (find yourself) in good hands in-case you some-
are thing

willst, brauchst du nur zu rufen, und meine Leute werden es
want need you only to call and my people will it

besorgen, wenn sie dich hören. Draußen ist eine fürchterliche Hitze.
procure if they you hear outside is a terrible heat

Du weißt gar nicht, wie gut du es hast hier in dieser
you know (at-all not) (how good you it have) here in this
not at all how well off you are

kühlen Stube. — Hoffentlich lebst du in glücklicher Ehe. Ich
cool room I-hope live you in happy wedlock I

habe hier nämlich Feder und Tinte, falls du deiner Frau ein
have here namely pen and ink in-case you your wife a

paar Zeilen schreiben willst. Uebrigens, wenn du meine Kur
(couple) lines write want-to by-the-way if you my cure
few

zu Hause fortsetzen möchtest, ist mir das recht. Schreibe in dem
at home continue should-like-to (is me that right) write in that
that is agreeable with me

Falle deiner Frau, daß der Bote, der dich abholt, auch gleich
case to-your wife that the courier who you calls-for also at-once

meine Rechnung bezahlt. Ich erhalte 5000 (fünftausend) Taler
my bill pays I receive 5,000 five-thousand talers

für die Kur." „Ich habe nur anderthalb tausend zur Hand",
for the cure I have only one-and-a-half thousand (to-the hand)
at hand

murmelte der Kaufmann. Eppelein stand schon wieder hinter
murmured the (buy-man) Eppelein stood already again behind
merchant

der Eichentür. Von außen rief er in den Kerker hinein: „Das
the oak-door from outside called he into the dungeon [into] that

ist eine schlimme Sache, wenn man kein Geld hat. Wenn ich
is a bad thing if one no money has if I

du wäre, würde ich mir schnellstens die fehlenden dreieinhalb
you were should I myself most-quickly the lacking three-and-a-half

tausend Taler besorgen. Ich bin sehr beschäftigt und habe es
thousand talers procure I am very busy and (have it
am

deshalb eilig. Ich weiß bestimmt, du hast genug Geld, meine
therefore hurried) I know certainly you have enough money my
therefore in a hurry

Rechnung zu bezahlen. Wenn ich übermorgen von der Jagd
bill to pay when I (over-tomorrow) from the hunt
the day after tomorrow

zurückkomme, wirst du es dir anders überlegt haben. Ich
(back-come) (will you it by-yourself otherwise considered have) I
return you will have changed your mind

möchte dich nicht leiden sehen, Dickerchen!“ Vierzehn Tage
should-like-to you not suffer see fatty fourteen days

später kam ein Bote aus Nürnberg mit dem verlangten Geld.
later came a courier from Nuremberg with the demanded money

Als er langsam mit Püterich aus der Burg ritt, stand
when he slowly with Püterich out-of the castle rode stood

Eppelein auf der Burgmauer. Der arme Nürnberget Kauf-
Eppelein on the castle-wall the poor Nuremberg (buy-
merchant

mann konnte sich vor Schwäche kaum im Sattel halten.
man) could himself from weakness scarcely in-the saddle hold

Höhnisch schrie Eppelein seinem davonreitenden Gefangenen nach:
mockingly shouted Eppelein his away-riding prisoner after

„Werde nicht wieder so dick, Püterich! Die Frauen hier oben
become not again so (thick) Püterich! the women here up
fat

auf der Burg meinen, du sähest schlank viel besser
(upon) the castle are-of-the-opinion you look slender much better
in

aus. Ich bin sicher, deine Frau wird das auch meinen.“
[out] I am sure your wife will that also think

(Schluß folgt.)
(conclusion follows)
to be concluded

Püterich stieg auf eine Holzbank und schrie so laut er konnte durch das vergitterte Fensterchen. Endlich kam einer von Eppeleins Leibgarde und fragte ihn unfreundlich: „Was willst du, Kerl? Die geben dir hier noch zu viel zu essen, sonst könntest du nicht so laut schreien!“

Püterich stieg von der Bank und bat den groben Kerkermeister um Feder und Tinte. Sofort wurde alles gebracht, was der Gefangene zum Schreiben brauchte, und er schrieb einen langen Brief nach Hause.

Dies stand in dem Brief: Liebe Frau! Ich schreibe diesen Brief im Kerker Eppeleins von Gailingen. Durch mein vergittertes

Fensterchen kann weder Sonne noch Mond scheinen, aber die Gerüche des schmutzigen Hofes kommen alle herein. Tag und Nacht tropft es von den Wänden und von der Steindecke. Ich habe mich auf dem nassen Stroh sehr erkältet. Dir würde schlecht zumute werden, wenn du mich sehen könntest. Ich habe kaum noch Fleisch an mir. Eppelein will mich verhungern lassen. Es ist ihm Ernst, wenn er 5000 Taler Lösegeld haben will. Liebe Frau, schicke sofort unsern Diener Fritz mit dem Gelde. Wenn du nicht genug zur Hand hast, verkaufe deine goldenen Armbänder, meine Pferde und das Haus am Aegidienberg (proper name)! Mach' dir keine Sorgen, das Geld wird ankommen! Dieser verfluchte Räuber wird aufpassen, daß er sein Geld kriegt, und all die kleineren Strolche (rascals) haben Angst vor ihm. Sage Fritz, er darf sich auf dem Wege nicht betrinken und muß sich beeilen.

Ich bin kein Jüngling mehr, und mein Herz ist schwach. Wenn ihr euch zu Hause nicht beeilt, mich hier abzuholen, dann weiß ich bestimmt, daß das Schlimmste geschehen wird. Dann wird dir niemand mehr goldene Armbänder mitbringen und dein Essen loben. Denk' an deinen armen Pütt, der hier schmutziges Wasser trinkt und faules Brot ißt, der in die Hände wilder Räuber fällt, weil er für sein kleines Frauchen, das er lieb hat, Geschäfte machen muß. Mehr als einmal bin ich schon in großer Gefahr gewesen. Weißt du noch, wie mich der Kunde aus München mit seinem Stock erschlagen wollte? Ich muß viel leiden, damit mein kleines Frauchen sich schöne Sachen kaufen kann.

Also, ich habe es eilig. Gib Fritz ein schnelles Pferd!

Dein dich liebender Pütt.

Vierzehn Tage später kam ein Bote mit einem vollen Geldbeutel und zwei Pferden auf Eppeleins Burg. Eppeleins Leute hoben den halbtoten Püterich auf eins der Pferde und, nachdem Eppelein das Geld gezählt hatte, ritt der Kaufmann langsam mit seinem Diener aus dem Burgtor. „Glückliche Reise!“ rief der Gastgeber von der Mauer den Davonreitenden nach. „Schlank siehst du viel besser aus. Das meinen alle Frauen auf dem Schlosse, und deine Frau wird das auch meinen!"

1. *Rearrange the following words in sentences:*

1. Dem nicht war Nürnberger zumute gut Kaufmann Kerker Eppeleins in. 2. Die ganze wach zitternd Nacht lag er Angst Kälte und vor und als einschlief er schließlich Morgen der Knabe gegen weckte ihn Brot und Wasser brachte ihm der. 3. Einmal gewesen war ernstlich in Gefahr Püterich wollte als ein Kunde Stock unzufriedener verprügeln ihn mit einem aber damals ihn Leibgarde seine rettete (saved). 4. Der wäre Kaufmann verhungert Lösegeld gewesen wäre das wenn nicht rechtzeitig Stelle zur. 5. Tropfte von den Steindecke und der Wänden es auf schlafen Püterichs so daß Lager er nicht konnte. 6. Lebst Ehe glücklicher in du falls du nur ein paar zu schreiben brauchst Zeilen und wird deine dir Lösegeld schicken Frau das rechtzeitig. 7. Zurückkehrte der von Jagd als Eppelein Püterich überlegt hatte sich anders es und kam ein nach vierzehn Tagen Bote der aus Nürnberg sollte abholen ihn und die Kur bezahlen.

2. *Form complete sentences of the following words:*

1. Gastzimmer, Turm, Fenster, hereinscheinen, Gerüche. 2. Wand, tropfen, schlafen. 3. In acht nehmen, aufpassen, betrinken, mitbringen. 4. Eppelein, heruntersteigen, aufschließen, aufwecken. 5. Falls, Brief, sagen, Frau, Rechnung, bezahlen. 6. Wenn, Geld, nicht, verhungern. 7. Püterich, Burg, fortreiten, Sattel. 8. Mauer, rufen, schlank, aussehen, Frau, gefallen.

3. *Answer the following questions:*

1. Wie sah Eppeleins Kerker aus? 2. Warum konnte Püterich nicht schlafen? 3. Welche Bedingung mußte der Kaufmann erfüllen, wenn er nach Hause wollte? 4. Wie konnte Püterich eine so große Summe rechtzeitig besorgen? 5. Was würde Eppelein tun, wenn der Kaufmann nicht zahlte? 6. Warum hatte es Eppelein eilig? 7. Wie endete Püterichs Kur?

4. *Idioms*

Translate: 1. Was meinen Sie, wie mir zumute war? 2. Woran denkst du? 3. Nimm dich in acht, daß du die Treppe nicht schmutzig machst. 4. Du mußt aufpassen, wenn du über die Straße gehst. 5. Ist es Ihnen recht, wenn ich um vier Uhr komme? 6. Ich habe für solch eine Operation keine Instrumente zur Hand. 7. Haben Sie es eilig? 8. Du bist kein Kind mehr, du mußt für dich selber aufpassen! 9. Es war kein Arzt zur Stelle.

Achte Aufgabe

EIGHTH LESSON

Der Raubritter (Schluß)

The robber-knight conclusion

»»««

Je mehr Glück Eppelein bei seinen frechen Angriffen hatte,
the more luck Eppelein with his impertinent attacks had

desto unvorsichtiger wurde er. Darauf hatten die Nürnberger
the less-careful became he for-that had the Nurembergers

gewartet. Sie legten ihrem Feinde eine äußerst geschickte Falle.
waited they laid for-their enemy an extremely (skillful) trap
clever

In einem Warenzug waren anstatt der Waren Soldaten.
in a merchandise-caravan were instead of-the merchandise soldiers

Eppelein war mit seinen wenigen Leuten im Nachteil.
Eppelein was with his few people (in-the) (after-part)
at a disadvantage

Fluchend und blutend wehrte er sich verzweifelt, aber schließlich
cursing and bleeding defended he himself desperately but finally

gelang es den Soldaten, ihn niederzuschlagen, zu binden
(succeeded it to-the soldiers him down-to-strike to bind
the soldiers succeeded in striking him down, binding him

und lebendig gefangen zu nehmen. Eppelein der Gefangene
and alive captured to take) Eppelein the prisoner
and taking him prisoner alive

seiner Todfeinde! Unbeschreiblich war die Freude in der Stadt.
of-his (death-enemies) indescribable was the joy in the city
deadly enemies

Auf den Straßen und auf dem Markt drängten sich die Bürger,
in the streets and on the market crowded [themselves] the burghers

um ihren bösen Feind zu sehen. Auf den öffentlichen Gebäuden
in-order their evil enemy to see on the public buildings

wehten bunte Fahnen, Musikanten spielten lustige Melodien,
(blew) colorful flags musicians played merry melodies
waved

und die Taschendiebe waren stark beschäftigt. — Eppelein
and the (pocket-thieves) were (strongly) busy Eppelein
pick-pockets very

blickte finster vor sich hin, als man ihn gefesselt durch die
looked somberly before himself when one him fettered through the

dichte Menschenmenge führte. Jeder wollte den Gefangenen
dense human-crowd conducted everybody wanted-to the prisoner

in der Nähe sehen, ja, ihn womöglich anfassen oder ihn
(in the nearness) see yes him if-possible touch or him
from nearby

schlagen. Es gelang den Soldaten jedoch, die Neugierigen und
strike [it] succeeded the soldiers however the curious and
the soldiers succeeded

Wütenden zurückzutreiben, und bald stand Eppelein vor seinen
furious (back-to-drive) and soon stood Eppelein before his
in driving back

Richtern. Da der Ritter weder die Absicht noch die Möglichkeit
judges because the knight neither the intention nor the possibility

hatte, sich zu verteidigen, war die Gerichtsverhandlung bald
had himself to defend was the (court-transaction) soon
trial

zu Ende. Viele klagten den großen Räuber an, und so wurde
(to end) many accused the great robber and so was
finished

er noch am selben Tage, einem Dienstag, zum Tode
he still at-the same day a Tuesday (to-the) death
to

verurteilt. Der Galgen, den er reichlich verdient hatte, wurde
condemned the gallows which he (richly) earned had was
well

am Freitag im Burghof aufgebaut. Die Hinrichtung
at-the Friday in-the castle-courtyard up-built the execution

sollte am folgenden Sonnabend stattfinden. Püterich, der
was-to at-the following Saturday (place find) Püterich, who
take place

während der Gerichtsverhandlung leider außerhalb der Stadt
during the (court-transaction) unfortunately outside of-the city
trial

auf einer Geschäftsreise war, erfuhr die gute Nachricht von
on a business-trip was learned the good news from

Freunden, und er kam schleunigst zurück, damit er wenigstens
friends and he came very-fast back in-order-that he at-least

bei der Hinrichtung anwesend sein konnte. — Die Sonne des
at the execution present be could the sun of-the

Samstags war noch nicht aufgegangen, und schon begaben sich
Saturday had yet not (up-gone) and already betook themselves
risen

die Bürger zum Burghof, um gute Plätze zu
the towns-people to-the castle-courtyard in-order good seats to

erwischen. Allen voran marschierte Püterich mit seiner Gattin
snatch all before marched Püterich with his wife

und die beiden setzten sich auf ihre mitgebrachten Stühle
and the two (seated themselves) on their taken-along chairs
sat down

beinahe unter den Galgen. Während noch die letzten Zuschauer
almost under the gallows while still the last onlookers

ankamen, wurde das Kerkertor aufgemacht, und eine kleine
arrived was the dungeon-gate opened and a small

Gruppe von Menschen trat heraus. Diese Gruppe bestand aus
group of men stepped out this group consisted of

zwei Priestern, die laut beteten, dem Bürgermeister, der stolz
two priests who aloud prayed the (citizen-master) who proudly
mayor

nach allen Seiten grüßte, dem Henker, der sich stumpfsinnig
to all sides greeted the (hanger) who [himself] (dullmindedly)
hangman stupidly

den nackten Arm kratzte, und einem Dutzend Soldaten, die in
(the) naked arm scratched and a dozen soldiers who in
his

ihrer Mitte den armen Sünder Eppelein führten. Die Gruppe
their midst the poor sinner Eppelein led the group

blieb unter dem Galgen stehen. Die Priester sprachen ihre
(remained) under the gallows (stand) the priests spoke their
stopped

Gebete lauter und schneller, der Henker prüfte den Strick, und
prayers louder and faster the (hanger) tested the rope and
hangman

das Schwatzen ringsum hörte auf, denn jeder wollte hören,
the chattering all-around stopped for everybody wanted-to hear

was der große Räuber sagen würde. Eppelein beugte sich plötzlich
what the great robber say would Eppelein bent [himself] suddenly

vor, klopfte Püterich auf den fetten Bauch und sagte: „Meine
forward patted Püterich on (the) fat belly and said my
his

ganze schöne Kur war vergebens, du bist ja schon wieder
entire (beautiful) cure was in-vain (you are yes) already again
fine there you are

rund wie ein Faß." Die geschäftlichen Konkurrenten Püterichs
round as a barrel the business competitors of-Püterich

und alle, die ihn nicht leiden konnten, lachten laut. Püterich
and all who him not (suffer) could laughed loudly Püterich
stand

ärgerte sich, aber er erwiderte mit saurem Lächeln: „Es ist
(angered himself) but he replied with sour smile it is
was angry

wahr, ich habe mich von deiner Kur gut erholt. Ich glaube
true I have [myself] from your cure well recovered I believe

aber nicht, daß du dich von unserer Kur erholen wirst." Hier
however not that you [yourself] from our cure recover will here

unterbrach der Bürgermeister und fragte Eppelein nach alter
interrupted the (citizen-master) and asked Eppelein (after) old
mayor according to

Sitte, ob er noch einen Wunsch hätte. „Ja," antwortete
custom whether he still a wish had yes answered

der Ritter mit bescheidener Stimme, „und der edle Rat der
the knight with modest voice and the noble council of-the

Stadt könnte ihn mir leicht erfüllen. Ich möchte noch einmal
city could it me easily fulfill I should-like-to (still once)
once more

von dem Rücken eines Pferdes die schöne Welt sehen, von der
from the back of-a horse the beautiful world see from which

ich jetzt scheiden muß. Laßt mich noch einmal auf meinem
I now part must let me (still once) on my
once more

Schlachthengst sitzen! Darum bitte ich euch, edle Nürnberger."
battle-stallion sit for-that ask I you noble Nurembergers

Den Hengst hatte sich Eppelein zusammen mit anderen schönen
the stallion had himself Eppelein together with other beautifu

Dingen von Püterichs Gelde gekauft. Nach wenigen Minuten
things from Püterich's money bought after (few minutes)
a few minutes

brachten Soldaten den mächtigen Rappen aus einem nahen
brought soldiers the mighty black-horse from a near-by

Stall, und Eppelein stieg auf. Ein paar Mal ritt er ruhig
stable and Eppelein (climbed up) a few times rode he calmly
mounted

auf und ab, während die Menge ängstlich Platz machte, denn
up and down while the crowd fearfully (place made) for
made room

das Tier hatte den Teufel in den Augen. Dann aber ließ er
the animal had the devil in (the) eyes then however had he
his

den kampferfahrenen Hengst wild ausschlagen und galoppierte
the fight-experienced stallion wildly (out-strike) and galloped
kick

durch die doppelte Reihe Soldaten, die das schwere Tier nicht
through the double row soldiers who the heavy animal not

anhalten konnten. Ehe die erstaunte Menge wußte, was
halt could before the astonished crowd knew what

geschah, war das Roß in gewaltigem Satz über den Stadtgraben
happened had the steed in tremendous jump over the (city-ditch)
moat

gesprungen. Als Eppelein jenseits der Stadtmauer in Sicherheit
jumped when Eppelein beyond the city-wall in safety

war, drehte er sich im Sattel um und rief das berühmte
was turned he [himself] in-the saddle around and called the famous

Wort: „Die Nürnberger hängen keinen, sie hätten ihn denn
word "the Nurembergers hang nobody (they had him then
unless they get

zuvor." Diesmal war Eppelein gerettet, aber neun Jahre
first) this-time was Eppelein saved but nine years
him first

später, 1381 (dreizehnhundert einundachtzig), fingen ihn die
later in 1381 thirteen-hundred (one-and eighty) caught him the
eighty-one

Nürnberger zum zweiten Male, und da rettete ihn keine List,
Nurembergers (to-the) second time and there saved him no ruse
a

er wurde mit dem Strick aus dem Diesseits ins Jenseits
he was with the rope from (the this-side) into-the beyond
this world

befördert. — Heute sind die Nürnberger froh, daß Eppelein
transported today are the Nurembergers glad that Eppelein

lebte. Seine Geschichte hilft dem Fremdenverkehr.
lived his story helps the (stranger-traffic)
tourist traffic

Kind: Warum sind alle Leute so froh? Warum wehen die Fahnen? Mutter: Heute ist es unsern Soldaten gelungen, den bösen Ritter Eppelein zu fangen. Das ist ein Freudentag für unsere Stadt. Kind: Aber Mutter, warum hat er sich fangen lassen? Haben ihm seine Leute nicht geholfen? Mutter: Sie haben mit unsern Soldaten gekämpft, aber sie wurden zurückgetrieben, und Eppelein wurde niedergeschlagen und gebunden. Die

Soldaten, die ihn lebendig gefangen haben, bekommen viel Geld! Kind: Sieh, Mutter, da führen sie den Eppelein durch die Straße! Was für ein schöner großer Mann er ist! Darf ich ihn anfassen? Mutter: Bleib' hier Kind! Siehst du nicht, wie die Soldaten die neugierigen Leute zurücktreiben? — Warum bist du so traurig Mädchen? Kind: Weil der starke, schöne Ritter sterben muß. Mutter: Du darfst nicht traurig sein, du mußt lustig sein. Denk' daran, wieviele Menschen dieser böse Ritter mit dem Schwert getötet hat, damit er unseren Kaufleuten Waren und Geld rauben konnte! Er ist ein wilder, böser Räuber, der hängen muß.

Richter: Du hast gehört, was die Ankläger gesagt haben? Eppelein: Sie haben laut genug gesprochen. Richter: Was kannst du zu deiner Verteidigung sagen? Eppelein: Ich verteidige mich mit dem Schwert, nicht mit Worten. Ich habe weder die Absicht noch die Möglichkeit, euch Herren vom Gericht zu erklären, warum ich die fetten Pfeffersäcke (pepper bags-merchants) hasse. Wenn der edle Adler (eagle) Hühner angreift und sie frißt, ist er ein Räuber? Ihr versteht mich nicht, und ich verstehe euch nicht. Beeilt euch, diese Gerichtsverhandlung langweilt mich. Ich will lieber im Winde hängen als hier mit euch reden. Richter: Eppelein von Gailingen, wir haben viel durch dich gelitten, du hast Nürnberger Bürger getötet und beraubt. Ich verurteile dich hiermit zum Tode. Trotzdem du ein Edelmann bist, sollst du nicht durchs Schwert sterben sondern am Galgen hängen. Sonnabend morgen, eine Stunde nach Sonnenaufgang, übergebe ich dich dem Henker.

Hans: Hast du einen guten Platz, Kurt? Kurt: Von hier kann ich alles sehen, nur das Kerkertor nicht. Hans: Ich kann auch das Tor sehen. Wenn man hier einen guten Platz erwischen will, muß man früh kommen. Wer ist der fette Mann mit der hübschen Frau? Kurt: Du bist noch nicht lange in Nürnberg! Das ist der Kaufmann Püterich, den Eppelein als Gefangenen auf seiner Burg hatte. Gestern morgen hat er von Freunden erfahren, daß Eppelein heute hängen soll, und da ist er sofort von seiner

Geschäftsreise zurückgekommen. Hans: Sie machen das Tor auf! Was für ein häßlicher Henker! Hörst du die Priester beten? Der Bürgermeister ist stolz, daß er bei der Hinrichtung unseres Todfeindes anwesend sein kann. — Was hat Eppelein zu Püterich gesagt? Kurt: Ich habe es nicht genau hören können. Ich glaube, er hat gesagt, Püterich hätte sich gut erholt. Hans: Er hat dem Dicken auch auf den Bauch geklopft. Ich glaube, der fürchtet sich nicht vor dem Tode.

Erster Soldat: Jochen, hol' den großen Rappen aus dem Stall und bring' ihn zum Galgen. Der Bürgermeister läßt Eppelein noch einmal reiten. Zweiter Soldat (Jochen): Na, da kann er ja gleich in die Hölle reiten. Der Rappe sieht aus, als ob er da zu Hause wäre, der hat den Teufel in den Augen. (Jochen holt das Pferd.) Erster Soldat: Der Kerl ist ein guter Reiter, das kann man sehen, trotzdem er nur ruhig auf und ab reitet. — Paß auf, Jochen, das Teufelspferd schlägt aus!

Viele Soldaten schreien: „Haltet ihn, haltet ihn!" Aber Eppelein galoppiert an ihnen vorbei zur Stadtmauer, und der Rappe springt mit einem gewaltigen Satz über den Stadtgraben. Auf der anderen Seite des Grabens bleibt das Pferd stehen. Eppelein dreht sich im Sattel um, ruft: „Die Nürnberger hängen keinen, sie hätten ihn denn zuvor!" und galoppiert weg.

1. ***Rearrange the following words in sentences:***

1. Je desto wütender unvorsichtiger frechen Angriffe die des Nürnberger wurden Raubritters die wurden. 2. Endlich zu fangen den Todfeind ihren Städtern gelang in es Falle geschickt gelegten einer. 3. Während Bürger waren die drängten die sich Taschendiebe beschäftigt Markte stark auf dem den und Straßen spielten die Musikanten Melodien lustige. 4. Die Neugierigen die Wütenden alle anfassen schlagen ihn sehen wollten ihn wollten wollten in den großen Nähe Räuber der. 5. Da anklagten hatte und verteidigen zu Ende war Möglichkeit weder noch die Absicht viele ihn Eppelein die sich zu die Gerichtsverhandlung bald. 6. Der an dem Sonnabend am sollte er sterben Galgen am wurde aufgebaut im

Burghof Freitag. 7. Noch die bevor Sonne begaben aufging sich nach die Bürger Burghof dem zu der um Hinrichtung bei sein anwesend. 8. Als erfuhr Nachricht Püterich die gute schleunigst er nach Hause kam und am saß er auf einem Samstag morgen Stuhle dem Galgen unter beinahe. 9. Ringsum auf das hörte Schwatzen als trat aus der dem Verurteilte Kerkertor von Priestern begleitet Soldaten dem Bürgermeister Henker dem und. 10. Während der prüfte Strick Henker sprachen seinen die Priester lauter und schneller Gebete ihre und letzten die Eppeleins alle Worte warteten auf.

2. *Make complete sentences of the following words:*

1. Nürnberger, Falle, gelingen, fangen. 2. Leute, drängen, Markt, Straßen, sehen, anfassen, schlagen. 3. Anklagen, verteidigen, verurteilen. 4. Als, Püterich, Nachricht, Todfeind, hängen, Geschäftsreise, zurückkommen. 5. Eppelein, vorbeugen, klopfen, sagen, Kur. 6. Konkurrenten, nicht, leiden, lachen, als. 7. Ich, erholen, du. 8. Eppelein, wollen, reiten, bevor, scheiden. 9. Auf, und, ab, ausschlagen, galoppieren, Soldaten, Stadtgraben. 10. Neun, Jahre, keine, List.

3. *Answer the following questions:*

1. Wie fingen die Nürnberger ihren Feind? 2. Wie sah Nürnberg an seinem Freudentage aus? 3. Warum war die Gerichtsverhandlung bald zu Ende? 4. Weshalb kam Püterich schnell von seiner Geschäftsreise zurück? 5. Beschreiben Sie die Gruppe, die aus dem Kerkertor kam. 6. Was mußten die Nürnberger nach alter Sitte vor der Hinrichtung eines armen Sünders tun? 7. Was war Eppeleins letzter Wunsch? 8. Wie war es möglich, daß Eppelein die doppelte Reihe Soldaten durchbrach? 9. Was denken die Nürnberger heute von Eppelein?

4. **Gelingen**

Translate: Es gelang Eppelein die doppelte Reihe Soldaten zu durchbrechen. 2. Vielleicht wird es uns gelingen, ihn zu überreden. 3. Das wird Ihnen niemals gelingen. 4. Es gelang dem

General, auf einem verborgenen Waldpfade zu fliehen. 5. Was euch nicht gelingt, wird ihm nie gelingen. 6. Wie ist es dir gelungen, genug Geld für die Reise zu bekommen? 7. Wem von euch es gelingt, die Nachricht in die Stadt zu bringen, dem gebe ich viel Geld. -- but: His business did not succeed— Er hatte keinen Erfolg mit seinem Geschäft, sein Geschäft ging nicht. Such men do never succeed — Solche Männer haben nie Erfolg, bringen es nie zu etwas.

Neunte Aufgabe

NINTH LESSON

Lieber tot als Sklave!

(Liefer) dead than slave
rather

»»««

Die Friesen sind ein alter westgermanischer Stamm, der schon
the Frisians are an old Westgermanic tribe (that already
that has been

seit Jahrtausenden an den Küsten der Nordsee, zwischen dem
since milleniums) at the coasts of-the North-Sea between the
living for milleniums

Zuidersee und Dänemark sitzt. Politisch gehören die Friesen
Zuider-Zee and Denmark (sits) [politically belong the Frisians

heute teilweise zu Holland, teilweise zu Deutschland. Die deutschen
today partly to Holland partly to Germany the German

Friesen bewohnen hauptsächlich zwei Inselketten, die ostfriesischen
Frisians live-on chiefly two island-chains the East-Frisian

Inseln, westlich der Elbemündung, und die nordfriesischen Inseln,
islands west-of the Elbe-mouth and the North-Frisian islands

westlich von Schleswig-Holstein. Die Friesen sind heute noch,
west of Schleswig-Holstein the Frisians are (today still)
still today

wie sie es in früheren Jahrhunderten waren, ein freiheitsliebendes,
as they it in former centuries were a freedom-loving

ernstes Volk von Fischern und Seeleuten, deren trotzige und
serious nation of fishermen and seamen whose defiant and

doch nicht rohe Gesichter den beständigen Kampf mit den Elementen
yet not crude faces the continuous fight with the elements

verraten. Aber nicht nur mit den Elementen hatten die Friesen
betray but not only with the elements had the Frisians

zu kämpfen. Weltliche und geistliche Herren versuchten
to fight (worldly) and (spiritual) overlords tried
secular ecclesiastic

immer wieder, ihnen ihre Freiheit und Rechte wegzunehmen.
(always again) them their freedom and (rights) away-to-take
again and again privileges

Meistens hatten die Herren aber keinen Erfolg damit.
mostly had the overlords however no success with-that

Die Friesen behielten ihre eigenen Vorrechte, ihr eigenes Recht
the Frisians kept their own privileges their own (right)
law

und ihre selbstgewählten Oberhäupter. — Eine geschichtliche
and their self-elected (upper-heads) a historical
leaders

Szene aus diesen Kämpfen wird im Folgenden erzählt. Die
scene from these struggles is in-the following told the

Zeit ist das späte Mittelalter, der Ort der Handlung die
time is the late middle-ages the place of-the action the

Insel Sylt, die nördlichste der nordfriesischen Inseln. — Ritter
island Sylt the most-northern of-the North-Frisian islands knight

Henning Pogwisch, der Herr von Tondern, verlangt von den
Henning Pogwisch the lord of Tondern demands from the

Friesen auf Sylt, daß sie ihm Steuern zahlen. Die Friesen
Frisians on Sylt that they him taxes pay the Frisians

weigern sich zu zahlen. Sie können sich nicht daran
refuse [themselves] to pay they can (themselves not to-it
not get accustomed

gewöhnen unfrei zu sein. Ihre Vorfahren haben den Herren
accustom) unfree to be their ancestors have the lords
to it

von Tondern keine Steuern gezahlt, und sie wollen es auch
of Tondern no taxes paid and they want it also

nicht tun. Das stolze Wort verbreitet sich unter ihnen:
not do the proud word spreads [itself] among them

„Lewwer duad üs Slaav!"
„Lieber tot als Sklave!" Henning Pogwisch verliert die
rather dead than slave Henning Pogwisch loses (the)
his

Geduld und beschließt, den Mut der armen Fischer mit
patience and decides the (courage) of-the poor fishermen with
morale

Gewalt zu brechen. Er landet mit einigen Schiffen voller
violence to break he lands with some ships full-of

Bewaffneter auf dem flachen Strande der Insel. Die Häuser
armed-ones on the flat beach of-the island the houses

der Fischer liegen oben zwischen den Dünen. Henning befiehlt
of-the fishermen lie above between the dunes Henning commands

seinen Kriegern, in einiger Entfernung unten am Strande
his warriors in some distance below at-the beach

auf ihn zu warten und sich für einen heftigen Kampf bereit
for him to wait and themselves for a violent fight ready

zu halten. Dann steigt er, nur von einem Priester begleitet,
to keep then climbs he only by a priest accompanied

den Abhang hinauf. Die beiden begegnen niemandem, denn
the slope up the two meet nobody for

es ist ein Feiertag, und die friesischen Sippen sitzen in ihren
it is a holiday and the Frisian (kins) sit in their
clans

Häusern beim Mitagsmahl. Henning lockert das Schwert in
houses at-the noon-day-meal Henning loosens the sword in

der Scheide und sagt zu dem Geistlichen, der mit ängstlichem
the sheath and says to the (spiritual) who with frightened
clergyman

Gesicht neben ihm geht: „Laß sie nur feiern! Je mehr sie
face beside him walks let them (only) celebrate the more they

fressen und saufen, desto weniger Lust haben sie zu kämpfen.
gorge and swill the less (joy) have they to fight
desire

Ritter und Priester treten in das erste Haus ein. Das Haus
knight and priest (step) into the first house [in] the house
enter

gehört dem langen Fischer Pidder Lüng, der da gerade mit
belongs to-the tall fisherman Pidder Lüng who there just with

seiner zahlreichen Sippe bei Tisch sitzt. Pidder hat seine Besucher
his numerous kin (at table sits) Pidder has his visitors
eats

heraufkommen sehen, aber er ißt ruhig weiter, als ob nichts
up-come seen but he eats calmly on as if nothing

geschehen wäre. Ritter Henning nimmt den Helm ab, als er
happened had knight Henning takes (the) helmet off as he
his

in den niedrigen Raum tritt. Er verbeugt sich mit spöttischem
in the low (space) steps he bows [himself] with sneering
room

Lächeln und sagt: „Es tut mir leid, daß wir euch bei eurem
smile and says (it does me woe) that we you at your
I am sorry

Festessen stören müssen. Ihr kennt wohl den Grund unseres
(feast-eating) disturb have-to you know probably the reason of-our
banquet

Besuches. Ihr schuldet uns Steuern, mir und der Kirche. Wir
visit you owe us taxes me and the church we

sind gekommen, euch daran zu erinnern. Wir haben keine
have come you of-it to remind we have no

Geduld mehr. Heraus mit dem Gelde! Wenn ihr euch nicht
patience more out with the money if you yourselves not

beeilt, setzen meine Krieger euch den roten Hahn aufs Dach. —
hurry set my warriors (you the red rooster on-the roof)
fire to your roofs

Zum letzten Male: Wollt ihr den Gesetzen gehorchen oder nicht?"
(to-the) last time want-to you the laws obey or not
for the

— Die Friesen sitzen schweigend da; endlich spricht Pidder Lüng:
the Frisians sit silent there finally speaks Pidder Lüng

„Weder mächtige Herren noch feige Pfaffen, die sich hinter
neither mighty lords nor cowardly priestlings who them- behind
selves

ihrem Rücken verstecken, können uns die Freiheit rauben, die wir
their back hide can us the freedom rob which we

von unseren Vorfahren besitzen. Frei ist das Meer, und frei
from our ancestors possess free is the sea and free

sind die Friesen, und unser Wort gilt: Lieber tot als Sklave!"
are the Frisians and our word (is-valid) (liefer) dead than slave
stands rather

Henning Pogwisch schlägt mit der gepanzerten Faust auf den
Henning Pogwisch strikes with (the) (armored) fist on the
his mailed

Eichentisch, daß die Gläser klirren und brüllt: „Bald könnt ihr
oak-table that the glasses clatter and roars soon can you

im Freien weiter feiern! Jetzt geht an euern Trog und
in-the (free) (further celebrate) now go to your trough and
open continue celebrating

freßt ihr Schweine!" Bei diesen Worten spuckt der tobende
gorge you pigs (at) these words spits the raving
with

Ritter in eine gewaltige Holzschüssel voll dampfender Milch-
knight into a tremendous wood-bowl full of-steaming milk-

suppe, die mitten auf dem Tische steht. Dann dreht er
soup which (in-the-middle on) the table stands then turns he
in the middle of

sich um und will hinaus, aber er kommt nicht weit. Mit
himself around and wants-to go-out but he (comes) not far with
gets

einem Satz ist der bärenstarke Pidder neben ihm, packt ihn
one jump is the bear-strong Pidder beside him (clutches him
clutches

am Halse und drückt ihm mit eisernem Griff den Kopf in die
at-the throat) and presses (him with iron hold the head) into the
his throat with an iron hold his head

heiße Suppe. Der Gepanzerte wehrt sich verzweifelt, aber
hot soup the armored-one defends himself desperately but

es hilft ihm nichts, die harten Fischerfäuste lassen ihn nicht
it helps him nothing the hard fisherman-fists let him not

los, bis er jämmerlich ertrunken ist. — Der Priester fiel
loose until he miserably drowned is the priest fell

ohnmächtig um. Die Friesen wußten, was sie zu erwarten
unconscious down the Frisians knew what they to expect

hatten. Bald drangen Hennings Krieger ein, und nahmen mit
had soon pushed Henning's warriors in and took with

Mord und Brand Rache für ihren toten Herrn. Die Fischer
murder and burning revenge for their dead master the fishermen

wehrten sich tapfer mit Messern und Knüppeln, aber bald
defended themselves bravely with knives and cudgels but soon

war jeder einzelne niedergeschlagen oder niedergestochen. Sie
was every single-one down-struck or down-thrust they

starben mit dem Kampfruf: „Lieber tot als Sklave!"
died with the battle-cry rather dead than slave

Holen Sie sich eine Karte (map) und suchen Sie die west-, ost- und nordfriesischen Inseln. Wenn Sie nun die Insel Sylt finden wollen, brauchen Sie nur den nördlichsten Punkt Deutschlands zu suchen, denn der liegt auf der Insel Sylt. Jetzt holen Sie sich ein illustriertes Buch über die deutschen Stämme aus der Bibliothek und sehen Sie sich die Gesichter der Friesen an! Starke, harte Gesichter und doch nicht roh! So sehen Menschen aus, deren Vorfahren schon seit Jahrtausenden mit dem Meere gekämpft haben. Für ihr eigenes Recht und ihre Vorrechte haben die Friesen ebenso tapfer mit weltlichen und geistlichen Herren gekämpft. Eine Szene aus diesem Kampfe gibt die folgende Geschichte, die wir uns zur Abwechslung (for a change) von einem Priester erzählen lassen, der sie mit eigenen Augen gesehen hat.

(Der Priester Christoph sitzt schwach und krank im Garten seines Hauses. Bei ihm steht der Ritter Herbert Pogwisch.) Herbert: Der Arzt sagte mir, ich dürfte dich heute besuchen, Christoph. Wenn du es kannst, erzähle mir, wie mein Bruder starb. Christoph: Nachdem wir gelandet waren, sagte Henning zu mir: „Komm mit Christoph, ich werde dir zeigen, wie man den Trotz dieser Kerle bricht." Er ließ seine Krieger am Strande zurück und befahl ihnen, sich für einen heftigen Kampf bereit zu halten. Dann schritten wir zu den Dünen hinauf, wo die Häuser der Schiffer lagen. Es war ein Feiertag, und ich machte mir Sorgen, ob es recht wäre, an einem solchen Tage zu kämpfen, aber Henning lachte nur und sagte: „Wenn die Kerle genug gefressen und gesoffen haben, werden sie wenig Lust zum Kämpfen haben." Wir traten zusammen in das erste Haus, das Haus des Fischers Pidder Lüng. Die Fischer blieben sitzen und sahen uns zornig an. Ich fürchtete mich und stellte mich hinter deinen Bruder. Henning grüßte spöttisch nach allen Seiten und sagte, er wollte sehen, ob die Fischer endlich gehorchen und ihre Steuern bezahlen wollten. Er drohte (threatened), er werde ihnen den roten Hahn aufs Dach setzen. Pidder antwortete trotzig, daß sie die Freiheit und ihre Vorrechte von ihren Vorfahren besäßen, daß sie lieber sterben wollten als Sklaven sein. Ich wollte jetzt mit Henning hinausgehen, aber der schlug mit der gepanzerten Faust auf den Tisch und rief mit lauter Stimme, sie könnten bald im Freien feiern. Dann spuckte er in eine große Schüssel mit Milchbrei und nannte die Fischer Schweine. Ich sah bloß noch den riesigen Fischer wie einen Bären auf Henning stürzen und ihm den Kopf in die Suppe drücken. Pidder brüllte: „Du kannst uns Schweinen helfen, die Suppe zu fressen", und hielt deinen armen Bruder fest, bis er ertrunken war. Ich wurde ohnmächtig. Als ich wieder erwachte, lagen um mich die sterbenden und toten Friesen. Nur ein paar Männer wehrten sich noch mit Messern und Knüppeln, dann wurden auch sie von Hennings Kriegern niedergestochen. Nie werde ich vergessen, wie sie noch im Tode riefen: „Lieber tot als Sklave!" — Hennings Krieger trugen ihren toten Herrn und mich aus dem Hause und dann rächten sie seinen Tod mit Mord und Brand auf der ganzen Insel. Ach, vielleicht haben wir kein Recht, die Friesen zwingen zu wollen, uns Steuern zu zahlen. Glaube mir, wir können sie töten, aber wir werden sie nicht zwingen. H e r b e r t : Was sagst du da? Das Fieber hat dich geschwächt. Ihr Priester versteht uns Krieger nicht. Dies (er schlägt ans Schwert) bricht jeden Trotz, auch den der Friesen.

1. *Rearrange the following words in sentences:*

1. Holland Deutschland Inselketten die Inseln westfriesischen ostfriesischen und nordfriesischen die nur gehören zu zu gehören. 2. Gemacht die Friesen roh aber hart und nicht ernst hat der Kampf dem Meer mit beständige. 3. Versuchten blieben immer wegzunehmen wieder trotzdem die Herren geistlichen Freiheit und weltlichen den Friesen ihre und Rechte die Friesen ein freies Volk. 4. Vorfahren auf die Friesen Sylt gewöhnen nicht können sich dem daran Herrn Steuern von Tondern zu denn ihre zahlen auch bezahlt haben keine Steuern. 5. Die am warteten während auf ihren Herrn Strande Krieger Hennings wurde der Ritter ertränkt Lüng von Pidder dem Fischer. 6. Gehorcht zahlt setzen wenn Hahn ihr Steuern Gesetzen den eure nicht und nicht aufs Krieger Dach meine werden den roten euch. 7. Als spuckte nannte in die Henning Suppe und die Friesen Schweine auf der sprang riesige Fischer Pidder ertrunken packte am Ritter den Halse eher und nicht ließ ihn los er war bis. 8. Nieder die schlugen wütenden und Krieger Hennings stachen Fischer jeden einzelnen aber starben lieber die tapferen Sklave Kampfruf die Friesen mit dem tot als.

2. *Make complete sentences of the following words:*

1. Nicht, nur, Meer, Friesen, kämpfen, Herren, Freiheit, Rechte. 2. Vorfahren, wollen, Steuern, Tondern. 3. Henning, Schiffe, Sylt, um, zu, brechen. 4. Während, Festessen, hinaufsteigen, Dünen. 5. Als, treten, Raum, Helm, verbeugen, spöttisch, Seiten. 6. Wenn, nicht, roter, Hahn. 7. Suppe, fortgehen, aber, packen, drücken, ertrinken. 7. Als, eindringen, Rache, aber, Kampfruf.

3. *Answer the following questions:*

1. Wer sind die Friesen, wo wohnen sie, wie sehen sie aus, was tun sie? 2. Was weiß die Geschichte (history) von den Friesen zu erzählen? 3. Warum wollten die Friesen auf Sylt keine Steuern zahlen? 4. Was tat Henning um sie zu zwingen? 5. Warum begegneten der Ritter und der Priester keinem Friesen, als sie auf die Dünen hinaufstiegen? 6. Was tat Pidder mit dem Ritter, der ihn beleidigt (insulted) hatte? 7. Wie rächten die Krieger Hennings den Tod ihres Herrn? 8. Wie kämpften und starben die Fischer?

4. *The prefix* be—

Observe: Die Friesen wohnen an den Küsten der Nordsee — Die Friesen bewohnen die Küsten der Nordsee — The Frisians live at the coast of the North Sea. Instead of a preposition, use the prefix be in the following sentences: 1. Die trojanischen Frauen weinten (wept) über den Tod Hektors. 2. Der Ritter stieg auf sein Pferd. 3. Der Kritiker sprach über das neue Buch. 4. Wir traten in das Zimmer. 5. Er goß Wasser über die Blumen. 6. Die Artillerie schoß den ganzen Tag auf die Stadt. 7. Er reiste in Europa und Asien. 8. Die Jungen warfen Schneebälle auf den Schneemann.

Zehnte Aufgabe

TENTH LESSON

August der Starke und der Schmied

Augustus the Strong and the smith

»»««

August der Starke, Kurfürst von Sachsen und König von Polen,
Augustus the Strong elector of Saxony and king of Poland

lebte zu Anfang des achtzehnten Jahrhunderts. Zu dieser
lived (at beginning) of-the eighteenth century at this
at the beginning

Zeit hielt man die Fürsten für „die Götter dieser Welt",
time considered one the princes (for) the gods of-this world
as

und das arme deutsche Volk hatte über dreihundert dieser
and the poor German people had over three-hundred of-these

Götter zu ernähren. Es wäre jedoch ungerecht, wenn man,
gods to (nourish) it would-be however unjust if one
feed

wie es manchmal geschieht, die Fürsten nur als Schmarotzer und
as it sometimes (happens) the princes only as parasites and
is done

unfähige Verschwender betrachtete. Viele haben sich wirklich
incapable spendthrifts considered many have themselves really

als wahre Landesväter gefühlt und für ihre Landes-
as true (land-fathers) (felt) and for (their land-
fathers of their country regarded the children of their

kinder gesorgt. Es sei auch daran erinnert, daß die Fürsten
children) cared (it may-be) also (of-it reminded) that the princes
country let it be remembered

mit den Abgaben und Steuern ihrer Untertanen die Städte
with the (off-gifts) and taxes of-their subjects the cities
duties

verschönert und herrliche Gebäude errichtet haben, die
embellished and glorious buildings erected have which

heute noch der Stolz und die Freude der Deutschen sind.
(to-day still) the pride and the joy of-the Germans are
still to-day

August der Starke z. B. ließ von dem berühmten Rokoko-
Augustus the Strong e.g. (let) by the famous (rococo-
had rococo-

baumeister Pöppelmann den Zwinger bauen, und dieser
build-master) Pöppelmann the Zwinger (build) and this
architect built

Zwinger ist nicht nur das Wahrzeichen Dresdens, sondern auch
Zwinger is not only the (true-sign) of-Dresden but also
landmark

eins der schönsten Rokokogebäude Deutschlands. Obgleich
one of-the most-beautiful rococo-buildings of-Germany although

August viel für die Kunst und wirtschaftliche Entwicklung
Augustus much for the art and economic development

Sachsens getan hat, hat er sich doch nur wenig Ruhm in der
of-Saxony done has has he himself yet only little glory in the

Geschichte erworben. In der Erinnerung des Volkes lebt er
history acquired in the memory of-the people lives he

ausschließlich als Kraftmensch weiter. Die folgende Anekdote,
exclusively as (strength-man) (farther) the following anecdote
strong-man on

die jedes Schulkind in Deutschland kennt, dürfte hierzulande
which every school-child in Germany knows might (here-at-land)
in this country

unbekannt sein und möchte deshalb den aufmerksamen Leser
unknown be and might therefore to-the attentive reader

interessieren. — August der Starke war, wie die meisten
interest Augustus the Strong was as [the] most

Fürsten, ein leidenschaftlicher Jäger. Eines Tages verfolgte er
princes a passionate hunter (of-one day) pursued he
one day

zu Pferde ein verwundetes Wildschwein. Bergauf und berg-
(to horse) a wounded wild-boar (mountain-up and mountain-
on horseback uphill and downhill

ab ging die wilde Jagd, als plötzlich der Schimmel des
down) went the wild chase when suddenly the white-horse of-the

Fürsten zu hinken anfing, stolperte und stehen blieb. August
prince to limp began stumbled and (stand remained) Augustus
stopped

sprang ab, um den Schaden zu untersuchen und sah sofort,
jumped off in-order the damage to investigate and saw immediately

daß das Hufeisen am linken Hinterbein abgerissen war.
that the (hoof-iron) at-the left hindleg off-torn was
horse-shoe

Was tun? Von der übrigen Jagdgesellschaft trennten
(what do) from the (remaining hunting-party) separated
what could be done rest of the hunting-party

ihn Meilen, die Gegend, in der er sich befand, kannte er
him miles the region in which he himself found knew he

kaum, und unterdessen wurde es Abend. Aergerlich setzte sich
scarcely and meanwhile became it evening angry (set himself)
sat down

der fürstliche Jäger ins Gras und blickte ratlos umher.
the princely hunter in-the grass and looked (advicelessly) around
helplessly

Da sah er auf einem Hügel in der Nähe eine Rauchsäule,
then saw he on a hill in the (nearness) a smoke-column
neighbourhood

die zu seinem Glück aus einer Waldschmiede kam. August
which (to his luck) from a forest-smithy came Augustus
luckily for him

stieg den Hügel hinauf und trat in die niedrige Werkstatt.
climbed the hill up and stepped into the (low) (work-stead)
low-ceilinged work-shop

„Meister," sagte er hochmütig, „mein Schimmel ist stark und
master said he haughtily my white-horse is strong and

ein wildes Vollblut, ich brauche ein festes Eisen für ihn. Deine
a wild (full-blood) I need a firm iron for it your
thoroughbred

Schmiede sieht nicht danach aus, als ob ich hier finden könnte,
smithy (looks not of-it [out]) as if I here find might-be-
does not look

was ich nötig habe." Der Schmied bückte sich, zog ein
able-to what I (needy have) the smith (bent himself) pulled a
need stooped

großes Hufeisen aus einem Haufen fertiger Hufeisen heraus
large (hoof-iron) from a heap of-ready (hoof-irons) (out)
horse-shoe horse-shoes forth

und reichte es seinem Herrscher. Der nahm es prüfend in
and (reached) it to-his ruler he took it testingly in
handed

seine mächtigen Fäuste, zerbrach es mit einem plötzlichen
his mighty fists broke-to-pieces it with a sudden

Ruck und warf dem Schmied die beiden Hälften vor die Füße.
jerk and threw (to-the smith the both halves before the feet)
the two halves before the smith's feet

Ein zweites, drittes, zehntes Eisen zerbrach er ebenso. Beim
a second third tenth iron broke he just-so at-the

elften Eisen wurden ihm wohl die Hände müde. Er wischte
eleventh iron became (to-him probably the hands tired) (he wiped
probably his hands tired he wiped

sich den Schweiß von der Stirn und sagte schmunzelnd:
for-himself the sweat from the forehead) and said smilingly
the sweat from his forehead

„Beschlage mein Pferdchen mit dem Eisen hier!" Der Schmied
(bestrike) my little-horse with (the iron here) the smith
shoe this iron

packte das Hinterbein des unruhigen Hengstes mit sicherem
grasped the hindleg of-the restless stallion with secure

Griff und hielt es fest, während ein Geselle das Hufeisen
hold and held it fast while an apprentice the (hoof-iron)
horse-shoe

annagelte. August stieg auf, warf dem Schmied ein Gold-
on-nailed Augustus (climbed up) (threw to-the smith a gold-
mounted threw a gold coin

stück in die Kappe und war im Begriff wegzureiten, als
piece into the cap) and was (in-the concept) away-to-ride when
into the smith's cap about

der schweigsame Meister zum ersten Male den Mund aufmachte.
the taciturn master (to-the) first time (the) mouth (open-made)
for the his opened

„Hoher Herr," redete er August mit bescheidener Stimme
(high) lord addressed he Augustus with modest voice
my

an, „Euer Goldstück ist zu weich für mein festes Eisen!" Der
your (gold-piece) is too soft for my firm iron the
gold coin

Kurfürst war erstaunt über diese seltsame Behauptung, denn
elector was astonished about this strange statement for

das Goldstück war echt, und alle zerbrochenen und das
the (gold-piece) was genuine and all broken and the
gold coin

unzerbrochene Hufeisen nur ein paar Pfennig wert. Ehe
unbroken (hoof-iron) only a couple (penny) worth before
horse-shoe pennies

er etwas sagen konnte, hatte der Schmied das Goldstück mit
he something say could had the smith the (gold-piece) with
gold coin

seinen harten Fingern verbogen und warf es zu den
his hard fingers bent-out-of-shape and threw it to the

zerbrochenen Hufeisen auf den Boden. Eine zweite, dritte,
broken (hoof-irons) on the floor a second third
horse-shoes

zehnte Münze flog in dieselbe Richtung. Das elfte Goldstück
tenth coin flew in the same direction the eleventh (gold-piece)
gold coin

steckte er ohne es zu biegen in die Tasche. August lachte:
put he (without it to bend) into (the) pocket Augustus laughed
without bending it his

„An dir habe ich meinen Meister gefunden!" Damals schüttelte
in you have I my master found at-that-time shook

ein Fürst einem gewöhnlichen Sterblichen nicht die Hand. Wir
a prince (to-an ordinary mortal not the hand) we
not hands with an ordinary mortal

können uns aber vorstellen, was für ein Händedruck das
can (ourselves) however (put-before) (what for a hand-pressure) that
imagine what sort of a handshake

gewesen wäre und wem er weh getan hätte.
been would-have and (to-whom it woe done would-have)
whom it would have hurt

Wenn Sie Steuern zahlen müssen, und es Ihnen weh tut, dann denken Sie an die armen Leute im achtzehnten Jahrhundert, die ihre verschwenderischen Fürsten ernähren mußten, und Sie werden sehen, wie gut Sie es in Wirklichkeit haben. Onkel Sam tut für Ihr Geld mehr für Sie als August der Starke oder die anderen Landesväter für ihre Landeskinder getan haben. Seien wir aber nicht ungerecht! Mancher Fürst hat gut für seine Untertanen gesorgt, und die herrlichen Gebäude, die heute die Wahrzeichen großer Städte sind, möchte niemand missen. Die vielen kleinen Fürstentümer im achtzehnten Jahrhundert sind für Deutschlands politische Schwäche, aber auch für seinen Kunstreichtum verantwortlich (responsible). Die Höfe der Fürsten waren Mittelpunkte der Barock- und Rokokokunst.

Als König von Polen und Kurfürst von Sachsen hat sich August der Starke wenig Ruhm erworben. In der Erinnerung des Volkes lebt er als Kraftmensch weiter und wer Dresden besucht, wird natürlich durch den Zwinger an ihn erinnert. In deutschen Schullesebüchern kann man die folgende Anekdote von dem stärksten aller deutschen Fürsten lesen:

Der Kurfürst, der ein leidenschaftlicher Jäger war, verfolgte einmal zu Pferde ein verwundetes Wildschwein, das ihn bergauf und bergab führte, bis er es in einer ihm unbekannten Gegend mit dem Speer tötete. Als er zurückreiten wollte, verlor sein Schimmel ein Hufeisen. August stieg von dem hinkenden und stolpernden

Tier und setzte sich ärgerlich ins Gras. Meilenweit gab es weder Dorf noch Haus, und von der übrigen Jagdgesellschaft trennten ihn Wälder und Berge. Was tun? Zu seinem Glück war aber eine Waldschmiede in der Nähe, deren Rauchsäule dem ratlosen Kurfürsten ein willkommener Anblick war. Der Schmied war erstaunt über den hohen Besuch. Der fürstliche Jäger befahl dem Meister mit hochmütiger Stimme, ein festes Hufeisen zu suchen und damit den Schimmel zu beschlagen. Die Schmiede sehe nicht danach aus, als ob man Hufeisen für ein wildes Vollblut bekommen könne. Schweigend bückte sich der Schmied, blickte prüfend auf einen Haufen Hufeisen und zog dann eins hervor, das ihm stark genug schien. Er reichte es seinem Besucher, aber der schmunzelte nur und zerbrach es mit einem Ruck seiner starken Fäuste. Der Schmied holte ein anderes Eisen hervor, das gleichfalls zerbrochen wurde, und so ging es weiter, bis zehn zerbrochene Hufeisen auf dem Boden lagen. Endlich wurden dem Kraftmenschen die Hände müde. Der Geselle schlug das elfte Eisen an, während der Meister das Hinterbein des unruhigen Hengstes festhielt.
August warf dem Schmied ein Goldstück in die Kappe und war im Begriff fortzureiten, als der schweigsame Untertan plötzlich den Mund aufmachte: „Hoher Herr, weiches Geld für ein hartes Hufeisen, das geht nicht. Seht her!“ Vor den Augen des erstaunten Herrschers verbog er das Goldstück als wäre es aus Wachs und warf es wie einen wertlosen Pfennig zu den zerbrochenen Hufeisen auf die Erde. Bald war jedes Hufeisen mit einer Goldmünze bezahlt, die die harten Finger des Meisters verbogen hatten. Als der Kurfürst mit seinem teuren Hufeisen wegritt, wußte er, daß er nicht der einzige starke Mann in Sachsen war.

1. ***Rearrange the following words in sentences:***

1. Zu dreihundert achtzehnten Fürsten es gab Jahrhunderts über Anfang des in Deutschland war von ihnen einer König Kurfürst und von von Polen Sachsen der Starke August und. 2. August Sachsens für sorgte künstlerische und wirtschaftliche Ruhm Geschichte Entwicklung die trotzdem wenig nur sich er hat der erworben in. 3. Als verfolgte der ein Kurfürst Wildschwein der

auf Schimmel Jagd Hufeisen sein verlor ein. 4. Waldschmiede war der in Nähe eine aus der eine sah Rauchsäule Glück zu seinem der Kurfürst aufsteigen über die Bäume. 5. Für und Vollblut festes sein ein wollte August Hufeisen die die und der Schmied ihm gab Eisen ihm nicht waren genug fest zerbrach er in sie seinen Händen. 6. Nachdem Schmied hatte der verbogen Goldstücke zehn er das in die elfte Tasche steckte. 7. Wem wohl weh hätte getan der Händedruck der Kurfürst wenn hätte dem geschüttelt Schmied die Hand?

2. *Form complete sentences of the following words:*

1. Volk, Jahrhundert, halten, Götter. 2. Nicht, alle, Verschwender, einige, sorgen. 3. Gebäude, Geld, Untertan, errichten, Stolz, Deutschland. 4. Verfolgen, Wildschwein, Hufeisen. 5. Rauchsäule, Waldschmiede. 6. Schmied, reichen, zerbrechen. 7. Kurfürst, Goldstück, Kappe, verbiegen.

3. *Answer the following questions in German:*

1. Was wissen Sie von den deutschen Fürsten des achtzehnten Jahrhunderts? 2. Was hat August für Sachsen getan? 3. Wer war August? 4. Wie verlor der Schimmel des Kurfürsten ein Hufeisen? 5. Warum zerbrach August die Hufeisen? 6. Warum verbog der Schmied die Goldstücke? 7. Warum mußten die Untertanen des achtzehnten Jahrhunderts so viele Steuern zahlen? 8. Erinnern Sie sich aus der amerikanischen Geschichte daran, was der Kurfürst von Hessen tat, um durch seine Landeskinder Geld zu verdienen?

4. **Halten** — to hold, consider, stop, keep, contain, take for, support

Translate: Ich halte ihn für einen Holländer. 2. Die Brücke (bridge) wird nicht halten, wenn die Tanks darüber fahren. 3. Das Auto hielt vor dem Hotel „Europa". 4. Halten Sie bitte mein Pferd, bis ich zurückkomme. 5. Der Soldat sagte: „Halt, oder ich schieße!" 6. Er hält Hühner in seinem Garten. 7. Der Kessel dieser Maschine hält dreitausend Liter Wasser. 8. Der Schuhmacher: „Diese Schuhe werden ein Jahr lang halten."

Elfte Aufgabe

ELEVENTH LESSON

Anekdoten von Friedrich dem Großen

Anecdotes about Frederick the Great

»»««

Friedrich II. (der Zweite) verdient seinen Beinamen der Große.
Frederick II the second deserves his (by-name) the great
epithet

Dieser Preußenkönig hatte in Krieg und Frieden nicht seines-
this Prussian-king has in war and peace not his-

gleichen im Europa des achtzehnten Jahrhunderts. Der
equal in-the Europe of-the eighteenth century the

große Unterschied zwischen ihm und anderen Herrschern der Zeit
great difference between him and other rulers of-the time

war, daß er sich als den ersten Diener seines Staates
was that he himself as the first servant of-his state

betrachtete, während jene nach dem Vorbild Ludwigs XIV.
considered while those after the (pre-picture) of-Louis XIV
example

(des Vierzehnten) sich als Zweck des Staates ansahen.
the fourteenth themselves as purpose of-the state regarded

Friedrich war die Verkörperung des preußischen Geistes, und
Frederick was the embodiment of-the Prussian spirit and

preußischer Geist im besten Sinne des Wortes heißt, mehr
Prussian spirit in-the best meaning of-the word (is-called) more
means

an seine Pflichten als an seine Rechte zu denken. Als seine
of (his) duties than of (his) privileges to think as his
one's one's

oberste Pflicht betrachtete der Preußenkönig den Dienst für den
uppermost duty regarded the Prussian-king the service for the

Staat und das Wohl des Volkes. Die welthistorische
state and the well-being of-the people the world-historical

Leistung Friedrichs, Preußen zu einer europäischen Großmacht
achievement of-Frederick Prussia to a European great-power

erhoben zu haben, wird noch übertroffen durch seine weise und
raised to have is still (over-hit) by his wise and
excelled

gerechte Friedensherrschaft. Er gab seinen Untertanen Land
just (peace-rulership) he gave his subjects land
peacetime-rule

zur Besiedelung, er ließ Kanäle bauen und unterstützte die
(to-the) settlement he (let) canals (build) and supported the
for had built

Textilindustrie. Schon zu Beginn seiner Regierung hatte er
textile-industry already (to) beginning of-his reign had he
at the

die Folter abgeschafft und auch sonst das Gerichtswesen
the torture abolished and also otherwise the judicial-system

verbessert. Als aufgeklärter Herrscher im Jahrhundert der
(bettered) as enlightened ruler in-the century (of-the)
improved of

Aufklärung förderte er stets Duldsamkeit in religiösen Dingen.
enlightenment furthered he always tolerance (in religious things)
in things of religion

Auch sein feiner Witz erinnert an das Zeitalter Voltaires, dessen
also his subtle wit reminds of the age of-Voltaire whose

Bewunderer er war. Dieser Witz half ihm bei der Erledigung
admirer he was this wit helped him at the execution

seiner Geschäfte, die zahlreich waren, denn es gab nichts
of-his affairs which (number-rich) were for (it gave) nothing
numerous there was

von Bedeutung in Preußen, um das sich der König nicht
of importance in Prussia (about which himself the king not
to which the king did not give

selbst kümmerte. Das ist einer der Gründe, weshalb sich
himself worried) that is one of-the reasons why (themselves)
his personal care

so viele witzige Bemerkungen Friedrichs erhalten haben. Der
so many witty remarks of-Frederick (preserved have) [the]
were preserved

Alte Fritz — so nannten ihn die Berliner — hatte wenig Geduld
Old Fred thus called him the Berliners had little patience

mit kleinlichen und engherzigen Beamten. Berühmt ist seine
with (smallish) and (narrow-hearted) officials famous is his
petty narrow-minded

Randbemerkung zu dem Falle eines Mannes, den seine Feinde
(margin-note) to the case of-a man whom his enemies
marginal note

vor Gericht angeklagt hatten, Gott, den König und den Rat
before court accused had God the king and the council

der Stadt Berlin beleidigt zu haben. Der König schrieb auf
of-the city Berlin insulted to have the king wrote on

die Akte: Daß der Mann Gott gelästert hat, beweist, daß er
the document that the man God blasphemed has proves that he

ihn nicht kennt, daß er mich beleidigt hat, verzeihe ich ihm, die
him not knows that he me insulted has forgive I him the

Beleidigung des hohen Rates kann aber nicht vergeben
insult of-the high council can however not forgiven

werden. Die Strafe dafür soll sein — eine halbe Stunde
be the punishment for-that is-to be (one half hour
half an hour

Gefängnis. Einst besuchte der Alte Fritz das große Gefängnis
prison) once visited [the] Old Fred the big prison
in prison

in Spandau, bei Berlin, um zu sehen, ob alles in Ordnung
in Spandau near Berlin in-order to see whether (all) in order
everything

wäre. Die Gefangenen hofften mit Klagen beim König
was the prisoners hoped with complaints (at-the) king
on the

einen guten Eindruck zu machen. Der eine sagte, er wäre
a good impression to make the one said he was

ein ehrlicher Mann, die Richter hätten sich geirrt, der
an honest man the judges had [themselves] erred the

andere behauptete, er wäre viel zu schwer bestraft worden, ein
other maintained he had much too (heavily) punished been a
severely

dritter schimpfte auf seinen Richter, der ihn aus persönlicher
third-one scolded at his judge who him from personal

Rache, ohne Grund, ins Gefängnis gesteckt hätte, kurz,
revenge without reason into-the prison (stuck) had (shortly)
put in short

ein jeder versuchte den König zu überzeugen, daß er
(an everybody) tried the king to convince that he
each of them

unschuldig wäre. Nur einer, ein junger Bursche, schwieg. Der
innocent was only one a young fellow kept-silent the

König fragte ihn, weshalb er in Spandau wäre. „Majestät,“
king asked him why he in Spandau was Majesty

war die Antwort, „weil ich ein schlechter Mensch bin, ein
was the answer because I a bad (human-being) am a
person

Dieb, der seinem Herrn ein Dutzend silberne Löffel gestohlen
thief who from-his master a dozen silver spoons stolen

hat." Friedrich schüttelte den Kopf und sagte: „Das geht
has Frederick shook (the) head and said (that goes
his but this

doch nicht! Dieser schlechte Bursche darf nicht unter lauter
after-all not) this bad fellow must not among (purely)
is impossible nothing but

ehrlichen Menschen bleiben, er könnnte sie verderben. Hinaus
honest (human-beings) stay he could them spoil out
people

mit ihm!" Bezeichnend für des Königs — gelegentliche —
with him characteristic (for) the king's occasional
of

Gutmütigkeit ist diese Anekdote: Am liebsten wohnte der Alte
good-nature is this anecdote (at-the liefest lived the Old
Old Fred liked best to live

Fritz in seinem Sommerschloß in Sanssouci in Potsdam. Seine
Fred) in his summer-castle Sans Souci in Potsdam his

Tischgesellschaft dort bestand aus Gelehrten, Philosophen,
table-company there consisted of scholars philosophers

Künstlern, Ministern, Staatsmännern, Dichtern — kurz,
artists state-officials statesmen poets (shortly)
in short

bedeutenden Männnern aus aller Welt. Bekannt ist Voltaires
important men (from all world) (known) is Voltaire's
from everywhere well known

Aufenthalt als Friedrichs Gast in Sanssouci. Einmal war der
stay as Frederick's guest in Sans Souci once was the

alte General Zieten zu Besuch in Sanssouci, wo er natürlich
old general Zieten (at) visit in Sans Souci where he naturally
for a

auch an den Mahlzeiten teilnahm. Der alte Held war nun
also (at) the meals partook the old hero was now
of

zwar ein ausgezeichneter General, aber kein geistiger Mensch,
to-be-sure a distinguished general but no intellectual man

und so konnte er der geistreichen und gelehrten Unterhaltung bei
and thus could he the (spirit-rich) and learned conversation (at)
rich in spirit at the

Tisch nicht recht folgen und schlief über seinem Teller ein.
table not (rightly) follow and (slept) over his plate [into]
well fell asleep

Ein Diener, der hinter dem Stuhl des alten Herrn stand,
a servant who behind the chair of-the old gentleman stood

um ihn zu bedienen, wollte ihn wecken, aber der König
in-order him to wait-on wanted-to him wake but the king

winkte ab und sagte: „Der alte Krieger hat oft genug auf
(beckoned off) and said the old warrior has often enough on
motioned not to do it

dem Schlachtfeld für uns gewacht. Der kann schlafen, auch
the battlefield for us stayed-awake he can sleep also

wenn sein König dabei ist. Reden wir etwas leiser, meine
when his king present is (talk we) (some more-quietly) (my
let us talk a little more quietly

Herren!"
gentlemen)
gentlemen

Ludwig XIV. sagte: „Ich bin der Staat", Friedrich der Große sagte: „Ich bin der erste Diener meines Staates". In diesen Worten liegt ein großer Unterschied, der Unterschied zweier Jahrhunderte und zweier Kulturen. Das Jahrhundert der Aufklärung beeinflußte nicht zuletzt auch die Könige. Friedrich den Großen kann man geradezu (straightway) die Verkörperung der Aufklärung nennen. Schon in den ersten Jahren seiner Regierung schaffte er die Folter ab und verbesserte auch sonst das Gerichtswesen. In religiösen Dingen war sein Prinzip Duldsamkeit. In Fragen der Philosophie und Literatur betrachtete er Voltaire, den großen Philosophen der französischen Aufklärung, als den unübertreffbaren Führer.

Im Kriege hat Friedrich Gewaltiges geleistet. Gegen eine Welt von Feinden hat er sein kleines Königreich Preußen nicht nur verteidigt, sondern es auch zu einer europäischen Großmacht erhoben. Seine Friedensleistungen waren fast noch größer. Er hat Kanäle bauen lassen, die Textilindustrie gefördert, menschenarme Teile seines Königsreichs besiedelt, das Schulwesen verbessert, kurz und gut, er hat alle Pflichten eines Herrschers erfüllt und dabei ein Genie gezeigt, wie es kein preußischer Herrscher nach ihm besessen hat. — Der Kupferstecher Rein schrieb unter ein Bild des Königs:

Held, König, Philosoph, Poet und Musikus;
Minister, General, Fürst und Historikus,
Kurz, Großer Friederich, der Du zum Wohl gegeben,
Die Völker jauchzen[1] Dir und segnen[2] froh Dein Leben.

Die Kleinlichkeit und Engherzigkeit seiner Zeitgenossen hat der große König mit der besten Waffe, mit Witz, bekämpft. Viele von seinen witzigen Bemerkungen haben sich bis auf den heutigen Tag erhalten. Da wurde ihm z. B. einmal der Fall einer Majestätsbeleidigung verbunden mit Gotteslästerung und Beleidigung des Berliner Rates vorgelegt. Friedrich schrieb auf die Akte, der Mann solle mit einer halben Stunde Gefängnis bestraft werden. Daß er Gott gelästert habe beweise, daß er ihn nicht kenne, daß er seinen König beleidigt habe, verzeihe der ihm, daß er aber den hohen Rat der Stadt Berlin beleidigt habe, sei unverzeihlich.
Einmal besuchte Friedrich, der sich um alles selbst kümmerte, das große Gefängnis in Spandau, um zu sehen, ob alles in Ordnung wäre. Die Gefangenen versuchten mit Klagen beim König einen guten Eindruck zu machen. Sie sagten, sie wären zu schwer bestraft worden, die Richter hätten sich geirrt, sie wären unschuldige Menschen, die nur im Gefängnis säßen, weil böse Menschen sie angeklagt hätten usw. Nur einer von ihnen, ein junger Mann, sagte nichts. Auf die Frage des Königs, ob er nicht auch eine Klage hätte, antwortete er, daß er sich nicht verteidigen könnte. Er habe ein Dutzend silberne Löffel gestohlen, sei also ein Dieb, der seine Strafe von drei Jahren Gefängnis voll verdient hätte. Der Alte Fritz rief den Direktor des Gefängnisses und sagte, er solle den jungen Menschen sofort aus dem Gefängnis schicken, denn er sei ein Dieb, der diese unschuldigen guten Leute nur verderben könne.

Der Preuße Friedrich war — gelegentlich — gutmütig. Als der große General Zieten ein alter Mann war, besuchte er seinen Kriegsherrn einmal auf dessen Schloß Sanssouci und nahm natürlich auch an den Mahlzeiten teil. Da die Tafelrunde aus Gelehrten, Philosophen, Künstlern und anderen bedeutenden

[1] rejoice [2] bless

Männern aus aller Welt bestand, war die Unterhaltung zu gelehrt und geistreich für den alten Soldaten, und bald war der weißhaarige Husarengeneral über seinem Teller eingeschlafen. Ein Diener wollte ihn wecken, aber der König winkte ab und bat die Tischgesellschaft leiser zu sprechen, denn dieser müde, alte Mann habe oft genug auf dem Schlachtfeld für sie alle gewacht, der verdiene seinen Schlaf.

1. *Rearrange the following words in sentences:*

1. Friedrich II. hatte nicht der des im Europa seinesgleichen Jahrhunderts achtzehnten europäischen zu Preußen einer Großmacht erhob. 2. Förderte religiöse Folter die und er Duldsamkeit ab Aufklärung schaffte im seines Geistes Jahrhunderts war das ein Jahrhundert der. 3. Um kümmerte der sich selbst König alle Bau bedeutenden Ansiedlungen Dinge wie den von Bauern die Textilindustrie von Kanälen die usw. 4. Viele sich haben erhalten bekannt im Bemerkungen noch witzigen seiner Volke heute und sind. 5. Wurde Fall vorgelegt ihm eines Mannes der da z. B. anklagten den Feinde seine hätte er und gelästert beleidigt Gott den und den König Rat. 6. Wären geirrt bestraft wären worden sich hätten wären sagten die Gefangenen sie Leute ehrliche Richter die sie zu schwer usw. schwieg nur einer. 7. Sagte der schüttelte Kopf mit dem König und hätte gestohlen ein Dutzend ein Dieb der silberne Löffel nur könne verderben ehrlichen diese Menschen den man müsse hinauswerfen sofort.

2. *Form complete sentences of the following words:*

1. Während, Ludwig XIV., Zweck, ansehen, Friedrich, Diener. 2. Preuße, denken, Pflicht, Recht. 3. Durch, siegreich, Schlacht, Preußen, Großmacht. 4. Aufklärung, Gerichtswesen, Duldsamkeit. 5. Mann, Gott, König, Rat, bestrafen, Gefängnis. 6. Gefangene, irren, Richter, bestrafen, Klage, Eindruck.. 7. Tischgesellschaft, Sanssouci. 8. Zieten, geistreich, Unterhaltung, einschlafen. 9. König, wachen, verdienen, leise.

3. *Answer the following questions:*

1. Was ist die welthistorische Leistung Friedrichs des Großen? 2. Was hat er im Frieden für Preußen getan? 3. Was konnte dem Gotteslästerer nicht verziehen werden? 4. Warum schickte Friedrich den Dieb aus dem Gefängnis? 5. Was war Sanssouci? 6. Warum schlief General von Zieten ein? 7. Warum ließ der König seinen Gast bei Tische schlafen?

4. Das Preußen Friedrichs II. (des Zweiten)

Read and translate: Die Frauen Heinrichs VIII. — Gegen Gregor VI. — Mit Friedrich I. — Für Konstantin III. — um Konrads II. willen — der Sohn Friedrich Wilhelms I.

Some uses of the preposition zu

Land zur Besiedlung — land to settle on. The preposition zu in connection with a noun derived from a verb must often be paraphrased in English by expressions like: for the purpose of, in order to, for. Translate:

1. Zum Marschieren braucht man gute Schuhe. 2. Ich gebe Ihnen diese zwei Leute zur Bedienung mit. 3. Wir haben nicht genug Geld zum Bau eines solchen Kanals. 4. Ein neues Gesetz zur Verbesserung des Gerichtswesens. 5. Zum Marschieren braucht man weiche Schuhe. 6. Ich habe dir etwas mitgebracht, es ist aber nichts zum Essen. 7. Er setzte sich zum Schreiben an den Tisch. 8. Zum Boxen muß man lange, starke Muskeln haben.

Zwölfte Aufgabe

TWELFTH LESSON

Das seltsame Abenteuer eines
The strange adventure of-a

Auslandsdeutschen
(out-of-land-German)
German permanently living abroad

»»««

Einer der besten modernen Romane, die vom deutschen
one of-the best modern novels which (of-the) German
with the

Schicksal handeln, ist Hans Grimms „Volk ohne Raum". Der
fate deal is Hans Grimm's Nation without Space the

größte Teil des Romans spielt unter Deutschen in Südwest-
largest part of-the novel (plays) among Germans in South-West-
takes place

afrika, aber sein Kernthema ist das Los des Deutschen, zu
Africa but its (nucleus-theme) is the lot of-the German to
main topic

einem Volke zu gehören, das nicht genügend Raum hat und
a nation to belong which not sufficient space has and

nirgends in der Welt mehr den zum Dasein genügenden
nowhere in the world (more) the (to-the) (there-being) sufficing
any more for existence

Raum finden kann. „Volk ohne Raum" ist zum Schlag-
space find can nation without space has (to-the) (stroke-
a catch-

wort geworden für diese größte deutsche Not, die zur Folge
word) become for this greatest German need which (to-the) consequence
word as

hatte, daß im 19. (neunzehnten) und 20. (zwanzigsten)
had that in-the 19th nineteenth and 20th twentieth

Jahrhundert viele Millionen Deutsche in Massenauswanderungen
centuries many millions of-Germans in mass-emigrations

ihre Heimat verließen. Auf diese Weise verlor das Reich viel
their home left in this manner lost the realm much

gesunde Volkskraft, ohne daß die Zurückbleibenden eine
healthy (folk-strength) without that (the remaining-behind) an
national strength those who remained behind

Erleichterung ihrer Lage spürten. Die Vereinigten Staaten
alleviation of-their situation felt the United States

haben den größten Teil der deutschen Auswanderer
have the greatest part of-the German emigrants

aufgenommen, aber auch Südamerika, Afrika, Asien, ja selbst
received but also South-America Africa Asia yes even

das abseits liegende Australien, haben ihren Anteil Auslands-
the (aside) lying Australia have their share (out-of-land-
out of the way [see title

deutsche. Von einem dieser Namenlosen, der unerhörtes Glück
Germans) (of) one of-these nameless-ones who unheard-of luck
of lesson] with

hatte, was in Australien noch seltener vorkommt als
had which in Australia still more-seldom occurs than

anderswo, handelt die folgende kleine Geschichte. —
elsewhere (acts) the following little story
deals

Hans Kasper hatte vor Jahren die alte Heimat verlassen,
Hans Kasper had (before years) the old home-country left
years ago

voller Hoffnung, in der Fremde zu Reichtum und Ehren zu
full-of hope (in the strange) to wealth and honors to
abroad

kommen. Er war schwer enttäuscht worden. Sein Verwandter
come he had (heavily) disappointed been his relative
badly

in Australien hatte ihm zwar eine Stellung in einer
in Australia had him to-be-sure a position in a

Werkzeugfabrik besorgt, aber nach zwei Jahren hatte er einen
(instrument-factory) procured but after two years had he an
tool factory

Unfall und mußte monatelang im Krankenhaus bleiben.
accident and had-to (months-long) in-the (sick-house) stay
for months hospital

Danach stellte ihn eine Bank in Sydney an. Nachdem er ein
thereafter (put) him a bank in Sydney (at) after he a
employed

Jahr lang fleißig Zahlen abgeschrieben hatte, beschloß er zu
year long industriously figures (off-written) had decided he to
copied

spekulieren und verlor sein bißchen Erspartes. Nervös und
speculate and lost his (bit) (saved) nervous and
little savings

gereizt durch den Verlust, stritt er mit seinem Vorgesetzten,
irritated through the loss quarreled he with his superior

beleidigte ihn und wurde auf der Stelle entlassen. Hans war
insulted him and was on the spot dismissed Hans was

keiner von denen, die sich selbst bemitleiden, aber trotzdem war
none of those who themselves pity but in-spite-of-that was

er am Ende seiner körperlichen und geistigen Kräfte. Der
he at-the end of-his physical and spiritual powers [the]

Tod wäre ihm willkommen gewesen. Wenn ihn doch
death would-have to-him welcome been if him only

damals das Eisenstück, das der Vorarbeiter fallen ließ,
at-that-time the iron-piece which the (fore-worker) (fall let)
foreman dropped

erschlagen hätte! In solche trüben Gedanken versunken, schritt er
(slain) had in such (dim) thoughts sunk walked he
killed dreary

am Strande von Sydney entlang, ein Arbeitsloser, ohne einen
at-the beach of Sydney along an (work-less) without a
unemployed

Pfennig in der Tasche. Er wußte im Augenblick nicht einmal,
penny in (the) pocket he knew (in-the) moment not (once)
his for the even

wann er sich wieder eine Mahlzeit leisten könnte. Ohne
when he himself again a meal afford might-be-able-to without

Zweck und Ziel ging er weiter und weiter, als er plötzlich auf
purpose and aim went he (further and further) when he suddenly upon
on and on

zwei Fischer stieß, die etwas Schwarzes auf den Strand
two fishermen (knocked) who something black upon the beach
came

zogen. Er trat näher und sah, daß das Schwarze ein Haifisch
pulled he stepped closer and saw that the black a shark

war. Die Fischer holten ihre Messer heraus und begannen
was the fishermen (fetched) their knives (out) and began
got out

den Fisch aufzuschneiden. Während Hans den beiden zusah,
the fish open-to-cut while Hans the two (on-looked)
watched

schnitt sich der eine der Männer, mit dem Messer auf der
cut himself the one of-the men with the knife on the

zähen Lederhaut ausrutschend, tief in die Hand. Der Deutsche
tough leather-skin slipping deep into (the) hand the German
his

bot seine Hilfe an und in wenigen Minuten hatte er die
offered his help [to] and in (few) minutes had he the
a few

Wunde rein gewaschen und sie mit geschickten Fingern schmerzlos
wound clean washed and it with skillful fingers painlessly

und zweckmäßig verbunden. Dann arbeitete er statt des
and appropriately dressed then worked he instead-of the

Verletzten an dem Hai weiter. Er öffnete den Magen des
hurt-one at the shark (further) he opened the stomach of-the
on

Fisches und untersuchte den Inhalt. Er fand da ein paar
fish and investigated the contents he found there a couple-of

leere Konservendosen, einen alten Stiefel und ein dickes Heft
empty (preserve-cans) an old boot and a thick copy-book
tin cans

Das Heft hatte jemandem als Tagebuch gedient, wie Hans
the copy-book had someone as (days-book) served as Hans
diary

beim Durchblättern bemerkte. Der Hai war offenbar einem
(at-the through-paging) noticed the shark had evidently a
while browsing through it

Dampfer gefolgt und hatte alles verschlungen, was die Besatzung
steamer followed and had all devoured that the crew

über Bord geworfen hatte. Hans untersuchte das Tagebuch
over board thrown had Hans investigated the (days-book)
diary

genauer und sah, daß es einem Manne auf dem Dampfer
more-exactly and saw that it to-a man on the steamer

„Raleigh" gehört hatte. Wahrscheinlich hatte der Wind das
Raleigh belonged had probably had the wind the

Heft ins Wasser geweht. Die „Raleigh" wurde in zwei
copy-book into-the water blown the Raleigh was in two

Tagen in Sydney erwartet. Der Hai war also lange vor dem
days in Sydney expected the shark had hence long before the

Dampfer „angekommen". Gerade wollte Hans das Buch
steamer arrived just wanted-to Hans the book

zumachen und die unterbrochene Arbeit wieder aufnehmen, als
(closed-make) and the interrupted work again up-take when
close

er eine Stelle in dem Tagebuch las, die ihn blaß werden ließ.
he a passage in the (days-book) read which him pale (become let)
diary made

Ohne ein Wort zu sagen, stach er dem Hai das Messer in
(without a word to say) (stung he to-the shark the knife into
without saying a word he jabbed the knife into the shark's

den Schwanz und rannte in der Richtung nach der Stadt davon.
the tail) and ran in the direction towards the city away
tail

Die Fischer dachten, die Hitze, die in den Sommermonaten des
the fishermen thought the heat which in the summer-months of-the

Jahres 1870 (achtzehnhundert siebzig) besonders schlimm in
year 1870 eighteen-hundred seventy especially bad in

Sydney war, hätte dem jungen Mann geschadet. Das dachte
Sydney was had the young man harmed that thought

auch der Bankier zu dem Hans Kasper atemlos und aufgeregt
also the banker to whom Hans Kasper breathless and excited

ins Zimmer stürzte. Hans kannte den Mann aus besseren
into-the room rushed Hans knew the man from better

Tagen und jetzt wollte er ihm ein Geheimnis verkaufen, womit
days and now wanted he him a secret sell with-which

ein Vermögen verdient werden konnte. Zwei Drittel dieses
a fortune earned be could two thirds of-this

Vermögens verlangte Hans für sich. Am Ende machte der
fortune demanded Hans for himself (at-the) end made the
in the

Bankier mit Hans einen solchen Vertrag, denn er war ein
banker with Hans (a such) (treaty) for he was a
such a contract

neugieriger Mann. Hans zeigte ihm eine Stelle in dem Tage-
curious man Hans showed him a passage in the (days-

buch, die lautete: „Deutschland hat Frankreich den Krieg
book) which (sounded) Germany has (to-France) [the] war
diary read on France

erklärt." Jetzt waren der Bankier und Hans die einzigen Leute
declared now were the banker and Hans the only people

in Australien, die das wußten, denn die „Raleigh" war der erste
in Australia who that knew for the Raleigh was the first

Dampfer, der diese Nachricht aus Europa brachte. Vielleicht
steamer which this news from Europe brought perhaps

muß ich noch hinzufügen, daß der Bankier alle Aktien kaufte.
must I still add that the banker all stocks bought

die durch einen Krieg steigen, und daß Hans in kurzer Zeit
which through a war rise and that Hans in short time

ein steinreicher Mann wurde.
a (stone-rich) man became
very rich

Das Schlagwort vom „Volk ohne Raum“ ist ein guter Ausdruck für das deutsche Schicksal, die größte deutsche Not. Wenn Sie dies verstehen wollen, müssen Sie sich vorstellen, die Hälfte aller Nordamerikaner lebten in einem Staate, der nicht einmal so groß wie Texas wäre. Denken Sie einmal an die Folgen, die so ein trauriges Los haben würde! Die Massenauswanderungen von Millionen haben Deutschland mehr geschadet als Erleichterung gebracht. Die Vereinigten Staaten haben den größten Teil der deutschen Auswanderer aufgenommen, aber auch in anderen Teilen der Welt findet man große Kolonien Auslandsdeutscher. In ein, zwei Generationen erinnnert dann nur noch der Name an die alte Heimat. Wenn Sie das Problem des Auslandsdeutschen und der Raumnot interessiert, lesen Sie Hans Grimms Roman „Volk ohne Raum“. Die Geschichte spielt meistens unter Deutschen in Südwestafrika, aber das Kernthema des Romans ist das Schicksal der Deutschen, ein Volk ohne Raum zu sein.

Arzt: Wie heißt der Verletzte? *Vorarbeiter:* Er heißt Hans Kasper und ist Deutscher. *Arzt:* Was wissen Sie von ihm? *Vorarbeiter:* Vor zwei Jahren ist Herr Kasper nach Australien gekommen. Ein Verwandter hat ihm in unserer Werkzeugfabrik eine Stellung als Mechaniker besorgt. Heute sind es beinah' zwei Jahre, seit er bei uns angefangen hat. Er war ein fleißiger und geschickter Arbeiter. Wird er sterben? *Arzt:* Das kann ich noch nicht sagen. Er ist schwer verletzt. Die Rippen auf der einen Seite seines Körpers sind fast alle gebrochen und eine Rippe hat in die Lunge gestochen. Der Beinbruch ist weniger gefährlich. Beschreiben Sie mir bitte den Unfall. *Vorarbeiter:* Ich trug mit einem Arbeiter einen schweren Maschinenteil aus meinem Büro (office), wir rutschten aus, ließen das Eisenstück fallen, es rollte die Treppe hinunter und riß Herrn Kasper, der gerade die Treppe heraufkam, mit sich. Wir fanden ihn ohnmächtig und blutend am Fuß der Treppe.

Vorgesetzter: Sie, Kasper, lernen die Kinder bei Ihnen in Deutschland lesen und schreiben? Kasper: Weshalb die dumme Frage, das wissen Sie selber! Vorgesetzter: Nur nicht so gereizt! Sie haben wie ein Ochse spekuliert und Sie haben diese Zahlen wie ein dummer Ochse abgeschrieben. Wenn Sie wirklich schreiben gelernt haben, müssen Sie der Dümmste in der Klasse gewesen sein. Kasper: Ich will Ihnen etwas sagen. Wenn Sie sich nie irren, dann kommt das daher, daß Sie nie arbeiten. Es wäre schlimm für unsere Bank, wenn Sie hier wirklich arbeiten würden. Wenn Ihr Onkel nicht Direktor dieser Bank wäre, dann würden wir sehen, wer hier in Wirklichkeit ein dummer Ochse ist. Vorgesetzter: Sie sind entlassen, Sie frecher Kerl. Gehen Sie auf der Stelle, oder ich lasse Sie hinauswerfen.

Kasper: Ihr Vater war Deutscher, Herr Knauer, nicht wahr? Bankier Knauer: Richtig. Kaspar: Er ist in den fünfziger Jahren nach Perth gekommen, um Gold zu finden, nicht wahr? Bankier: Richtig. Kasper: Ihr Vater hat trotz aller Arbeit hier kein Vermögen verdient. Sie haben auch als armer Mann angefangen. Sie wissen, wie einem jungen Mann zumute ist, der nichts hat und nichts ist. Bankier: Wieviel wollen Sie von mir haben, Herr Kasper? Kasper: Ich will nichts von Ihnen haben, ich will Ihnen einen Tip geben, mit dem Sie noch reicher werden können. Zwei Drittel dessen, was Sie mit dem Tip gewinnen, geben Sie mir. Geben Sie mir einen Vertrag, und ich erzähle Ihnen mein Geheimnis. Bankier: Es ist heute furchtbar heiß, Sie sind den ganzen Tag in der Sonne gewesen, Sie — — — Kasper: Ich bin nicht verrückt! Wenn Sie die Riesensumme nicht verdienen wollen, dann muß ich zu einem anderen Bankier gehen. Bankier: Warten Sie einen Augenblick! — So, hier ist der Vertrag. Ich bin neugierig, Ihr Geheimnis zu hören. Kasper: Kaufen Sie alle Aktien, die durch einen großen Krieg in Europa steigen werden! Deutschland hat Frankreich den Krieg erklärt. Bankier: Sie sind doch (after all) verrückt! Woher wissen Sie denn das? Die letzten Nachrichten, die ich aus Europa erhalten habe, sagen, ein Krieg ist unwahrscheinlich. Kasper: Als ich heute morgen am Strand entlang ging, stieß ich auf zwei Fischer, die einen Hai aufschnitten. Ich half den beiden und fand im Magen des Fisches ein Tagebuch, das einem Mann auf der „Raleigh" gehört. Die „Raleigh" wird in zwei Tagen hier sein. In seinem Tagebuch spricht der Mann von der Kriegserklärung Deutschlands an Frankreich. Lesen Sie selbst! Bankier: Hans Kasper, Sie haben recht. Bald werden Sie so reich sein wie Krösus. Kasper: Ich werde zufrieden sein, wenn ich so reich bin wie Knauer.

1. *Rearrange the following words in sentences:*

1. Spielt handelt in von Hans Grimms „Volk ohne Raum" Südwestafrika Schicksal Roman der Deutschen zu sein ein Raum ohne Volk und dem. 2. Finden den können nirgends die der in Welt Deutschen zum Raum Dasein genügenden. 3. Viele Fremde hoffen in der Auswanderer zu Reichtum und finden Ehren enttäuscht aber die bitter meisten werden denn nur sie in finden harte Büros Arbeit und Fabriken. 4. Anstellung fand Hans eine bei Bank neue einer aber der Geldes seines Verlust so ihn reizte beleidigte daß er Vorgesetzten einen und wurde entlassen. 5. Aus ließ der rutschte fallen und Vorarbeiter ein Eisenstück das traf Hans. 6. Verdienen leisten zu wieder können um zu half den Hans beiden Fischern ein paar Pfennig und sich eine Mahlzeit. 7. Statt der weiter Deutsche arbeitete Wunde des Verletzten nachdem er dessen und hatte gewaschen verbunden rein und zweckmäßig. 8. Als fand er untersuchte er den Fisches des Mageninhalt außer ein dickes Heft einigen Konservendosen alten Tagebuch und Stiefeln das als einem Manne gedient hatte auf der „Raleigh". 9. Der die kaufte Bankier Aktien Kriegserklärung stiegen die durch die und dessen gab zwei Hans Drittel was verdiente er durch Spekulation diese.

2. *Form complete sentences of the following words:*

1. Roman, handeln. 2. Jahrhundert, auswandern, erleichtern, Los. 3. Geschichte, handeln, Deutscher, Australien, Glück. 4. Nach, Unfall, Entlassung, Ende, Kräfte. 5. Entlang, stoßen, Fischer, Hai. 6. Verletzen, Messer, verbinden, dann, weiterarbeiten, statt. 7. Aufschneiden, untersuchen, bestehen, Konservendosen. 8. Durchblättern, zumachen, Stelle, Kriegserklärung. 9. Hans, verlangen, Bankier, Tip, gewinnen.

3. *Answer the following questions:*

1. Wovon handelt Hans Grimms Roman „Volk ohne Raum"? 2. Welche Nachteile (disadvantages) hatten die Massenauswanderungen des 19. und 20. Jahrhunderts? 3. Warum war Hans ausgewandert? 4. Welche Stellungen hatte er in Australien gehabt? 5. Was dachte Hans, als er am Strande entlang schritt? 6. Wie schnitt sich der Fischer? 7. Warum half Hans den Fischern? 8. Wie konnte die Nachricht von der Kriegserklärung Deutschlands Hans zu einem Vermögen helfen? 9. Was tat Hans mit dem Gelde, das er durch seine glückliche Spekulation verdient hatte?

4. **Am Ende**

Am Ende may mean: at the end, finally, in the long run, perhaps, after all. Translate: 1. Der Marathonläufer brach am Ende der Strecke (distance) zusammen. 2. Am Ende ist es besser so. 3. Am Ende kommt er nicht; was machen wir dann? 4. Du wirst am Ende mit deiner Gesundheit für diese Verrücktheiten zahlen müssen. 5. Der Bankier wollte erst nicht, aber am Ende nahm er den Tip an. 6. Sein Haus steht am Ende der Straße.

Dreizehnte Aufgabe

THIRTEENTH LESSON

Viel Lärm um nichts

Much (noise) about nothing
ado

»»««

Die Ueberschrift dieser Aufgabe geht auf die Shakespeare-
the (over-script) of-this lesson goes (upon) the (Shakespeare-
heading to Shakespeare

übersetzung der Romantiker Schlegel und Tieck zurück. „Viel
over-setting) of-the romanticists Schlegel and Tieck back much
translation

Lärm um nichts" ist heute eine gebräuchliche Redensart.
(noise) about nothing is to-day a customary (talking-kind)
ado phrase

Ob wir es nun mit Redensarten oder geistigen Bewegungen
whether we it now with (talking-kinds) or spiritual movements
phrases

zu tun haben, im Großen und im Kleinen sehen wir die
to do have in-the large and in-the small see we the

Romantik oder die Klassik als geistige Grundlage der
romanticism or the classicism as spiritual foundation of-the

modernen deutschen Kultur. Die Blütezeit des deutschen
modern German culture the (blossom-time) of-the German
golden age

Geistes, die Zeit der Klassik und Romantik nennen wir
spirit the time (of-the) classicism and romanticism name we
of

nach ihrem größten Vertreter die Goethezeit. — Durch die
after its greatest representative the Goethe-epoch through the

geistigen Leistungen der Goethezeit gelang es Deutschland
spiritual achievements of-the Goethe-epoch (succeeded it Germany)
Germany succeeded

in der ersten Hälfte des vorigen Jahrhunderts, auf vielen
in the first half of-the preceding century on many

geistigen Gebieten eine führende Stellung zu gewinnen. Von
spiritual fields a leading position (to win) from
in winning

überall, und nicht zuletzt aus den Vereinigten Staaten, kamen
everywhere and not last from the United States came

Studenten nach Deutschland, um an den deutschen Universitäten
students to Germany in-order at the German universities

unter weltberühmten Gelehrten Geschichte, Philosophie, Theologie,
under world-famous scholars history philosophy theology

Philologie, in einem Wort — und einem echt deutschen Wort
philology in one word and a genuinely German word

— Geisteswissenschaft zu studieren. Nach der Jahrhundertmitte
(mind's science) to study after the (century-middle)
cultural science middle of the century

übernahm Deutschland auch in der Naturwissenschaft die
(over-took) Germany also in the (nature-science) the
took over natural sciences

Führung. Auch die Naturwissenschaften entwickelten sich
leadership also the (nature-sciences) developed [themselves]
natural sciences

damals hauptsächlich an den Universitäten, und die deutschen
at-that-time chiefly at the universities and the German

Professoren leisteten Außerordentliches auf dem Gebiet der
professors achieved extraordinary-things (on) the field (of-the)
in of

Physik, Biologie, Medizin, Chemie. Unter dem Eindruck der
physics biology medicine chemistry under the impression (of-the)
of

Romantik nannte der Engländer Bulwer die Deutschen „das
romanticism named the Englishman Bulwer the Germans the

Volk der Dichter und Kritiker". Gewöhnlich wird er aber
nation of-the poets and critics usually is he however

falsch zitiert, und die Redensart „das Volk der Dichter
(wrongly quoted) and the (talking-kind) the nation of-the poets
misquoted phrase

und Denker" ist viel geläufiger. Man hätte die Deutschen
and thinkers is much more-current one might-have the Germans

auch das Volk der Universitätsprofessoren nennen können,
also the nation of-the university-professors name been-able-to

denn fast alle deutschen Denker und sogar viele deutsche Dichter
for almost all German thinkers and even many German poets

waren damals Universitätsprofessoren. Es ist selbst-
were at-that-time university-professors it is (self-
self-

verständlich, daß der Universitätsprofessor in der Achtung der
understandable) that the university-professor in the esteem (of-the)
evident of

Gesellschaft die höchste Stelle einnahm. Als Deutschland nach
society the highest position (in-took) when Germany after
held

dem Kriege mit Frankreich und der Reichsgründung sich zur
the war with France and the (realm-foundation) itself (to-the)
founding of the empire into the

ersten Militärmacht Europas entwickelte, trat der Offizier
first military-power of-Europe developed stepped the officer

an die Seite des Professors, was gesellschaftliche Stellung
at the side of-the professor (what social position
regarding social position

betrifft. Natürlich bestand immer eine gewisse Spannung
concerns) naturally existed always a certain tension

zwischen dem Mann der Wissenschaft und dem Mann des
between the man (of-the) science and the man of-the
of

Schwertes. Dies müssen Sie beachten, wenn Sie die folgende
sword this must you consider if you the following

Geschichte richtig verstehen wollen. — Professor Bumm war ein
story properly understand want-to professor Bumm was a

weltberühmter Frauenarzt und der größte klinische Lehrer
world-famous (women-doctor) and the greatest clinical teacher
gynaecologist

seiner Zeit auf dem Gebiet der Gynäkologie. Es gab kaum
of-his time (on) the field (of-the) gynaecology (it gave) hardly
in of there was

einen Spezialisten von Bedeutung, der nicht Bumms Schüler
a specialist of importance who not Bumm's pupil

gewesen wäre. Das Deutschland der Vorkriegszeit war
been would-have the Germany of-the (pre-war-time) was
pre-war era

stolz auf seinen Professor Bumm, und das mit Recht. Eines
proud (on) (his) professor Bumm and that (with right) (of-one
of its justly so one

Tages gab ein Mitglied des kaiserlichen Hofes einen
day) gave a member of-the imperial court a
day

Wohltätigkeitsball für die Berliner Krankenhäuser. Zu diesem
charity-ball for the Berlin (sick-houses) to this
hospitals

Ball war auch Professor Bumm eingeladen worden. Der gute
ball had also professor Bumm invited been the good

Professor freute sich aber gar nicht über die Einladung,
professor (gladdened himself) however not-at-all (over) the invitation
was glad about

denn er war kein Freund großer Gesellschaften und der
for he was no friend of-large parties and (of-the)
of

Oeffentlichkeit. Am Abend des Balles hatte er außerdem
public-life at-the evening of-the ball had he besides

eine wichige Operation zu machen. Als er endlich müde und
an important operation to (make) when he finally tired and
perform

ohne Begeisterung den Operationskittel mit seinem Gesellschafts-
without enthusiasm the (operation-smock) with his (party-
operating-gown evening

anzug vertauschte, war es schon furchtbar spät. Der Kutscher
suit) exchanged was it already terribly late the coachman
dress

fuhr so schnell es ging, aber trotzdem kam der Professor mit
drove (as fast it went) but in-spite-of-that (came) the professor with
as fast as possible arrived

großer Verspätung auf dem Ball an. Leise und mit der
great delay (on) the ball (at) quietly and with the
at

sichtbaren Absicht, niemanden zu stören, drückte er sich an den
visible intention nobody to disturb pressed he himself (at) the
past

tanzenden Paaren vorbei. Schließlich erreichte er die Bar, wo er
dancing couples (past) finally reached he the bar where he

sich mit einem Kelch Sekt für die kommenden Anstrengungen
himself with a (chalice champagne) for the coming strains
glass of champagne

stärken wollte. Unglücklicherweise war der Professor, dessen
strengthen wanted-to unfortunately had the professor whose

Frack altmodisch und abgetragen war, einem jungen Leutnant
tail-coat old-fashioned and (off-worn) was (to-a young lieutenant
worn out attracted the attention of

aufgefallen, der den verspäteten Gast mißtrauisch und verächtlich
upon-fallen) who the belated guest distrustfully and contemptuously
a young lieutenant

durch sein Einglas betrachtete. Der junge Krieger zerbrach
through his (one-glass) watched the young warrior (broke-to-pieces
monocle racked

sich den Kopf, wer diese verdächtige Gestalt sein könnte.
himself the head) who this suspicious figure be could
his brain

Sicherlich gehörte der Kerl nicht hierher. Von Mißtrauen und
certainly belonged the fellow not here by distrust and

Neugierde getrieben trat der Offizier daher auf den
curiosity driven stepped the officer therefore (upon) the
towards

Chirurgen zu und stellte sich mit einer militärisch knappen
surgeon [to] and (placed himself) with a soldierlike short-cut
introduced himself

Verbeugung vor: „Gardeleutnant der Artillerie
bow before lieutenant-of-the-guards of-the artillery

Baron Adalbert von Zinkendorf." Der Professor machte
baron Adalbert von Zinkendorf the professor made

gleichfalls eine kurze Verbeugung und sagte: „Bumm." Die
likewise a short bow and said Bumm the

Nasenspitze des Marsjüngers wurde weiß, aus seinen Augen
(nose-point) of-the Mars-disciple became white from his eyes
tip of the nose

schossen Blitze, aber noch beherrschte er sich. Mit scharfer
shot lightning-flashes but still controlled he himself with (sharp
a sharp

Kommandostimme wiederholte er: „Gardeleutnant der
command-voice) repeated he lieutenant-of-the-guards of-the
commanding voice

Artillerie Baron Adalbert von Zinkendorf." Mit etwas
artillery baron Adalbert von Zinkendorf with somewhat

lauterer Stimme wiederholte der Professor: „Bumm." Zum
louder voice repeated the professor Bumm (to-the)
for the

dritten Male schoß der am ganzen Leibe vor Wut zitternde
third time shot the at-the whole body from rage trembling

Adalbert die Breitseite seiner Titel ab, und der geärgerte
Adalbert the broadside of-his titles off and the angered

Gynäkologe brüllte als Antwort: „Bumm, Bumm, Bumm!"
gynaecologist roared as answer Bumm Bumm Bumm

— Da, wie schon gesagt, die Bar der Ort der Handlung war,
since as already said the bar the place of-the action was

fehlte es dieser hochdramatischen Szene nicht an gutgelaunten
(lacked it to-this highly-dramatic scene not at) good-humored
this highly dramatic scene did not lack

Zuschauern, und dem furchtbare Rache planenden Adalbert
(to-lookers) and to-the terrible revenge planning Adalbert
spectators

wurde schleunigst erklärt, daß Bumm nicht bumm war.
was most-quickly explained that Bumm not boom was

Die Blütezeiten der menschlichen Kultur nennen wir gewöhnlich nach einem politischen Herrscher. Wir sprechen vom Perikleischen Zeitalter, von der Zeit des Augustus, der Elisabeth, Ludwigs XIV. Die Blütezeit der deutschen Kultur nennen wir nach ihrem geistigen Herrscher die Goethezeit. Damals wurden von Deutschlands größten Dichtern und Denkern die geistigen Grundlagen für das 19. und 20. Jahrhundert geschaffen. Deutschland wurde in der ersten Hälfte des neunzehnten Jahrhunderts der geistige Mittelpunkt Europas. Eine kluge Französin, Madame de Stael, schrieb ein Buch über Deutschland, das in alle Kultursprachen übersetzt wurde und in der ganzen Welt Interesse für deutsche Universitäten, deutsche Literatur und deutsches Geistesleben erweckte. Die ersten Studenten aus den Vereinigten Staaten, die in Deutschland studierten, unter ihnen war der amerikanische Historiker George Bancroft, waren von Madame de Staels Buch dazu beeinflußt worden.

Die deutschen Universitäten waren auch die Mittelpunkte für die Entwicklung der Naturwissenschaften. Wenn man bedenkt, welche Rolle die Wissenschaften im neunzehnten Jahrhundert in Deutschland spielten, dann ist es selbstverständlich, daß der Universitätsprofessor in der gesellschaftlichen Achtung ein Halbgott war. Als Deutschland dann in der zweiten Jahrhunderthälfte ein imperialistischer Staat wurde, traten der Offizier und der Großkapitalist an die Seite des Professors. Natürlich bestanden starke Spannungen zwischen den Männern der Wissenschaft, des Schwertes und des Geldes. An diese Spannungen muß man denken, wenn man die folgende Geschichte richtig verstehen will, die von einem Professor und einem Offizier handelt (deals).

Wer unter Professor Bumm studiert hatte, konnte stolz darauf sein, denn dieser Gelehrte war einer der größten Frauenärzte der Welt und der beste klinische Lehrer der Gynäkologie im Deutschland der Vorkriegszeit. Wie viele große Wissenschaftler war auch der Chirurg Bumm kein Freund von großen Gesellschaften. Eines Tages wurde er zu einem Wohltätigkeitsball eingeladen, den ein Mitglied des kaiserlichen Hofes für die Berliner Krankenhäuser gab. Ob er wollte oder nicht, der arme Professor mußte den Operationskittel mit dem Gesellschaftsanzug und den Operationssaal mit dem Ballsaal vertauschen.

Als er in den Ballsaal kam, war es schon furchtbar spät, und außerdem hatte der Professor einen Frack an, mit dem sein eigener Großvater zu seiner Zeit als unmodern aufgefallen wäre. Gerade wollte der Hauptarzt des großen Berliner Krankenhauses Charité einen Kelch Sekt an die Lippen setzen, als ein junger Offizier auf ihn zutrat und sich mit knapper Verbeugung vorstellte: „Gardeleutnant der Artillerie Baron Adalbert von Zinkendorf." Der Professor stellte das Glas auf die Bar, verbeugte sich kurz und sagte mit lauter Stimme: „Bumm." Der junge Krieger schoß einen wütenden Blick auf den abgetragenen Frack der verdächtigen Gestalt vor ihm und wiederholte die lange Reihe seiner Titel. Wieder war des Professors einzige Antwort: „Bumm." Zum dritten Male stellte sich der Marsjünger vor, aber diesmal brüllte er, als ob er seinen Artilleristen unter schwerem Feuer Kommandos gäbe. Das war zu viel für einen Mann, der selber daran gewöhnt war, Kommandos zu geben. Mit donnernder Stimme feuerte der geärgerte Gynäkologe seine Breitseite ab: „Bumm, Bumm, Bumm!"

Professor Bumm ist als alter Mann in der Nachkriegszeit gestorben. Die Szene mit Adalbert hatte nämlich gutgelaunte Zuschauer, die dem vor Wut zitternden Meister der Kanonen schleunigst erklärten, daß Bumm nicht bumm war.

1. ***Rearrange the following words in sentences:***

1. Wurde übernahm Weltmacht Führung eine Deutschland geistige auf und Gebieten vielen in der Goethezeit die kulturellen. 2. Allen Wissenschaft Gebieten leisteten auf deutschen Außerordentliches Professoren der die. 3. Nach traten Offiziere die dem der Reichsgründung Krieg und mit Frankreich die der Seite an Professoren betrifft was gesellschaftliche Stellung. 4. Zu dem den ein die für Mitglied des Krankenhäuser Berliner Wohltätigkeitsball kaiserlichen Hofes wurde gab eingeladen Professor auch Bumm. 5. Wer

war sein Bumms konnte darauf Schüler stolz. 6. Im es der keinen als gab Vorkriegszeit Deutschland Frauenarzt als Professor Bumm größeren. 7. Der der die große Chirurg über viel immer tun hatte zu gar sich nicht Einladung freute zum Ball. 8. Als vertauschte endlich er Operationssaal Ballsaal mit den dem es spät war furchtbar schon. 9. Der der sich Chirurg wollte stärken an der Bar Kelch einem mit Sekt kommenden für die Anstrengungen auf unglücklicherweise fiel einem Leutnant jungen. 10. Die betrachtete verdächtige junge Krieger Gestalt Einglas der sein durch und könnte wer sich das den sein zerbrach Kopf.

2. *Form complete sentences of the following words:*

1. Klassik, Romantik, Grundlage, Jahrhundert. 2. Ueberall, Universitäten, Geisteswissenschaften, Naturwissenschaften, studieren. 3. Achtung, Gesellschaft, Professor. 4. Spezialist, Gebiet, Gynäkologie, Deutschland, um zu, Schüler. 5. Freuen, Einladung, Gesellschaften, Oeffentlichkeit. 6. Gast, vorbeidrücken, trotzdem, auffallen. 7. Mißtrauen, Neugierde, treiben, zutreten vorstellen. 7. Ort, Handlung, Zuschauer, erklären.

3. *Answer the following questions:*

1. Was ist die Goethezeit? 2. Warum studierten im 19. Jahrhundert so viele Ausländer an deutschen Universitäten? 3. Was sind Geisteswissenschaften? 4. Was sind Naturwissenschaften? 5. Warum nannte Bulwer die Deutschen „das Volk der Denker und Kritiker"? 6. Wann und wo lebte Professor Bumm? 7. Warum war Deutschland stolz auf Dr. Bumm? 8. Warum stellte sich der Gardeleutnant dem Professor vor? 9. Wie kam es, daß die hochdramatische Szene zwischen dem Offizier und dem Gelehrten nicht tragisch endete?

4. *Participial constructions:*

Observe: die daraus erfolgenden gesellschaftlichen Spannungen — the social tensions resulting from this. — Der vor Wut zitternde Adalbert — Adalbert who shook with rage.

Translate: Ein mit einer Geschwindigkeit (speed) von 26 Knoten fahrender Dampfer. 2. Zwei unter Professor Bumms Aufsicht (supervision) operierende Aerzte. 3. Dieser von zwei australischen Fischern gefangene Hai hatte ein einem Deutschen gehörendes Tagebuch verschlungen. 4. Mein in Amerika lebender Bruder. 5. Jeder in Amerika lebende Ausländer. 6. Alle in den Vereinigten Staaten geborenen Kinder ausländischer Eltern. 7. Der mit aller Kraft zuschlagende Boxer rutschte aus. 8. Zwei vom Kurfürsten geschossene Wildschweine wurden zu den darauf wartenden Köchen in die Küche getragen. 9. Dies Buch sollte jedem die deutsche Literatur studierenden Ausländer gegeben werden.

Vierzehnte Aufgabe

FOURTEENTH LESSON

Noch mehr Anekdoten aus den
Still more anecdotes from the

neunziger Jahren
nineties [years]

»»««

Wenn Ihnen die vorige Gelehrtenanekdote Spaß gemacht hat,
If (to you) the preceding scholar-anecdote (fun made has)
has amused you

werden Ihnen auch diese hier gefallen: Ein Theologieprofessor —
(will you also these here please) a theology-professor
you will also like these

der Name tut nichts zur Sache — vernachlässigte sein
(the name does nothing to-the matter) neglected his
the name does not matter

Aussehen mehr, als es der altmodische Gelehrte seiner Zeit
(out-looking) more than it the old-fashioned scholar of-his time
appearance

zu vernachlässigen pflegte. Ein gelblicher Bart hing ihm über
to neglect used a yellowish beard (hung him over
hung over

die Weste, an der mehrere Knöpfe fehlten, und aus
the waistcoat) on which several buttons were-missing and from
his waistcoat

seinen grauen Haaren regneten die Schuppen auf seine schmalen
his gray (hairs) rained the (scales) on his narrow
hair dandruff

Schultern. Der würdige Greis dachte wie viele seiner
shoulders the dignified old-man thought as many of-his

damaligen Kollegen, es wäre unter seiner Würde, sich um
at-that-time colleagues it was below his dignity (himself about
to look after

sein Aeußeres zu kümmern, da er seine ganze Lebenskraft auf-
his exterior to worry) since he his entire life-strength up-
his exterior

brauchte, sein inneres Leben zu pflegen. — Eines Morgens kam
used his inner life to cultivate one morning came

der Theologe in seinem schlecht sitzenden, fleckigen Anzug vom
the theologian in his badly (sitting) stained suit from-the
fitting

Kolleg zurück und ging gerade durch den Vorgarten auf seine
lecture back and went just through the front-garden (on) his
towards

Haustür zu, als ein Bettler aus dem Hause heraustrat. Die
house-door (to) when a beggar out-of the house (out-stepped) the
stepped

beiden Männer sahen sich einen Augenblick an, dann flüsterte
(both) men (looked themselves a moment at) then whispered
two looked at each other a moment

der Bettler: „Geh' nicht rein (hinein), Bruder, die drinnen geben
the beggar go not in in brother those inside give

einem doch nichts." — Nachdem wir uns über einen
one anyhow nothing after (we ourselves about a

Theologen lustig gemacht haben, ist jetzt ein Philosoph an der
theologian merry made have) (is now a philosopher at the
we have ridiculed a theologian it is now a philosopher's turn

Reihe. Ein gewisser Lehrer der Weltweisheit konnte es nicht
row) a certain teacher (of-the) (world-wisdom) could it not
of philosophy

leiden, wenn Studenten zu spät zu seiner Vorlesung kamen. In
(suffer) when students too late to his lecture came in
stand

einem solchen Falle hörte er auf zu reden, nahm die Brille
(a such) case (stopped he to talk) took (the) spectacles
such a he stopped talking his

ab, stieß das Pult mit beiden Händen von sich und starrte
off pushed the desk with both hands (from) himself and stared
away from

den Schuldigen mit bösen Augen an, bis der sich hingesetzt
the guilty-one with (evil) eyes at until he himself seated
threatening

hatte. Da saß dann so ein armer Kerl und schämte sich und
had there sat then such a poor fellow and was-ashamed and

wünschte sich tausend Kilometer weit weg von dem Ort seiner
wished himself thousand (kilometer) far away from the place of-his
kilometers

Schande. Eines schönen Vormittags kam es aber anders.
shame (of-a) beautiful forenoon came it however differently
one

Ein älterer, elegant angezogener Student mit den Manieren eines
an older elegantly dressed student with the manners of-a

Weltmannes kam zehn Minuten zu spät in die Philosophie-
(world-man) came ten minutes too late (into) the philosophy-
man of the world to

vorlesung. Langsam aber leise ging er an seinen Platz. Tiefe
lecture Slowly but quietly went he to his seat deep

Stille herrschte im Hörsaal. Dreißig Studentenherzen
silence (ruled) reigned in-the auditorium thirty student-hearts

klopften ängstlich. Der Kathedergott stierte finster und überlegte
(knocked) beat fearfully the pulpit-god stared somberly and pondered-over

eine vernichtende Bemerkung. Der freche Musensohn schaute
an annihilating remark the impertinent Muses-son looked

umher, zog den Mantel halb aus, zog ihn wieder an, ging
around (pulled the overcoat half out) took his overcoat half off (pulled it again on) put it on again went

schnell zur Tür, verneigte sich mit Würde und sagte:
quickly to-the door bowed [himself] with dignity and said

„Entschuldigen Sie, meine Herren, ich dachte, hier wäre eine
pardon [you] [my] gentlemen I thought here was a

Vorlesung." Sprach's (Sprach es), und verschwand, ehe
university-lecture said it said it and disappeared before

die Gewitterwolke sich entlud. — Zur Abwechslung
the thunderstorm-cloud itself discharged (to-the) for a change

eine politische Anekdote: Die schöne, aber nicht mit Takt gesegnete
a political anecdote the beautiful but not with tact blessed

Frau eines europäischen Gesandten saß während eines Festessens
wife of-a European (sent-one) ambassador sat during a (feast-eating) banquet

an Bismarcks Seite. Der große Reichskanzler unterhielt sich
at Bismarck's side the great realm-chancellor conversed

nicht viel mit ihr. Nach dem Tode Wilhelms I. war sein
not much with her after the death of William I had his

politischer Einfluß schwächer geworden und die Meinungs-
political influence weaker become and the opinion's-

verschiedenheiten mit Wilhelm II., besonders über das Sozialisten-
differences with William II especially about the socialists-

gesetz, ließen ihn daran denken, sein Amt niederzulegen. Das
law (let) made him of-it think his office down-to-lay the

munter schwatzende Dämchen begriff die ernste Stimmung
cheerfully chattering little-lady understood the serious mood

des Kanzlers nicht. Ihre Eitelkeit war verletzt, und sie beschloß,
of-the chancellor not her vanity was hurt and she decided

den schweigsamen Tischnachbarn zu ärgern. In falschem Deutsch
the taciturn table-neighbour to anger in faulty German

beklagte sie sich bei Bismarck, daß die deutsche Sprache
complained she [herself] (at) to Bismarck that the German language

eigentlich nicht sehr brauchbar wäre. Für viele Begriffe
in-actuality not very useful was for many concepts

fehlten die Wörter im Deutschen, während man für ganz
were-lacking the words in-the German while one for quite

einfache Dinge oft zwei Wörter hätte. So sage man z. B.
simple things often two words had so said one e.g.

(zum Beispiel) „essen" und „speisen", „senden" und „schicken",
(to-the) for example eat and eat send and send

was doch in jedem Falle genau das Gleiche wäre. Bismarck
which after-all in each case exactly the same was Bismarck

erwiderte: „Sie irren sich, gnädige Frau! Sie werden hier
answered you err [yourself] [gracious] lady you are here

gespeist, aber nicht gegessen. Ihr Herr Gemahl ist ein
fed but not eaten your [mister] husband is a

Gesandter, aber kein geschickter." — Liebe Leser, ihr erinnert
(sent-one) ambassador but no crafty-one dear reader you (remind probably

euch wohl noch an Adalbert von Zinkendorf, Garde-
yourselves probably still still remember of) Adalbert von Zinkendorf lieutenant-

leutnant der Artillerie. Dieser eingebildete Knabe wurde
of-the-guards of-the artillery this conceited boy was

nicht nur von Professor Bumm, sondern auch häufig von seinen
not only by professor Bumm but also frequently by his

Kollegen durch den Kakao gezogen. — Wir treffen den heftigen
colleagues (through the cocoa pulled) razzed we meet the violent

Adalbert im Speisesaal des Kasinos. Er ist offenbar sehr
Adalbert in-the dining hall of-the casino he is evidently very

aufgeregt und streitet mit Leutnant Kurtchen. Kurtchen, der
excited and quarrels with lieutenant Kurtchen Kurtchen who

übrigens nicht dem Adel angehört, wundert sich, den sonst
by-the-way not to-the nobility belongs is-astonished the otherwise

so steifen Adalbert in seinem Zorn gestikulieren zu sehen. Der
so stiff Adalbert in his wrath (gesticulate) to see the
gesticulating

bürgerliche Leutnant hat nur behauptet, Adalbert hätte eine
middle-class lieutenant has only maintained Adalbert had a

tiefe Säbelnarbe auf dem Rücken. Adalbert: „Der Mensch ist
deep saber-scar on (the) back Adalbert the man is
his

wohl besoffen! Seit fünundzwanzig Jahren kenne ich meinen
probably soused (since five-and-twenty years know I my
I have known my body for twenty-five years

Körper. Das ist ausgeschlossen." Kurtchen: „Aber es ist doch
body) that is (excluded) Kurtchen but it is nevertheless
impossible

wahr! Ich wette hundert Mark, daß ich recht habe." Adalbert:
true I bet hundred (mark) that (I right have) Adalbert
marks I am right

„Angenommen!" Kurtchen: „Schön! Die Herren hier sind
accepted Kurtchen beautiful the gentlemen here are

meine Zeugen. Ziehen Sie sich jetzt gleich Waffenrock und
my witnesses (pull you yourself now at-once (arms-coat) and
take at once off your tunic and

Hemd aus, damit wir Ihren Rücken untersuchen können!"
shirt out) in-order-that we your back examine can
shirt

Das war dem zeremoniellen Adalbert unangenehm, aber die
that was to-the ceremonious Adalbert unpleasant but the

hundert Mark lockten, und so blieb ihm nichts anderes
hundred (mark) (lured) and so remained (to-him nothing else
marks attracted nothing else for him

übrig, als sich den Oberkörper zu entblößen. Natürlich fand
left) than (himself the upper-body) to bare naturally (found
to do the upper part of his body there

sich nicht die Spur einer Säbelnarbe. Vergnügt lächelnd
itself not) the trace of-a saber-scar cheerfully smiling
was not found

knöpfte Adalbert den Waffenrock zu und steckte den blauen
buttoned Adalbert the (arms-coat) (closed) and put the blue
tunic up

Hundertmarkschein in die Brieftasche. Da er Kurtchen nicht
hundred-mark-bill into (the) (letter-pocket) since he Kurtchen (not
his pocket-book

leiden konnte, sagte er mit einem giftigen Seitenblick: „Danke für
suffer could) said he with a poisonous side-glance (thank) for
could not stand thank you

die hundert Mark, Herr Leutnant!" Kurtchen erwiderte: „Keine
the hundred (mark) marks [Mr.] lieutenant Kurtchen replied (no don't

Ursache, Herr Baron. Ich habe zu danken. Sie haben mir
cause) mention it [Mr.] baron I have to (thank) thank you you have me

nämlich dreihundert Mark verschafft. Ich habe mit zwei
namely three hundred (mark) marks procured I have with two

Herren aus meiner Bekanntschaft vierhundert Mark gewettet,
gentlemen from my acquaintance four hundred (mark) marks wagered

daß ich Sie überreden könnte, im Speisesaal des Kasinos
that I you persuade could in-the dining hall of-the casino

Waffenrock und Hemd auszuziehen. Von den vierhundert Mark
(arms-coat) tunic and shirt (out-to-pull) to take off of the four-hundred (mark) marks

habe ich Ihnen hundert für Ihre Gefälligkeit gegeben. Da bleiben
have I you hundred for your favor given there remain

mir noch dreihundert Mark, wenn ich nicht schon wieder
for-me still three hundred (mark) marks if I not already again

unrecht habe." Adalbert hatte bei den letzen Worten schon
(un-right have) am wrong Adalbert had during the last words already

die Tür mit lautem Knall zugeschlagen. „Bumm!" riefen die
the door with loud bang (closed-struck) slammed boom called the

schadenfrohen Kameraden.
(damage-glad) malicious comrades

S i e : Das geht zu weit mit dir. Wie kannst du dein Aeußeres nur so vernachlässigen! Der Bettler da draußen hat gedacht, du wärest auch ein Bettler! Du solltest dich schämen, mit so einem fleckigen Anzug in die Vorlesung zu gehen. Du siehst aus wie ein Schweinehirt und nicht wie ein Universitätsprofessor! E r : Ist das Essen fertig?

„Bitte, meine Herren, kommen Sie nicht zu spät zu meiner Vorlesung. Dies ist eine Philosophievorlesung und kein Kino, wo jeder hineinläuft, wann es ihm gefällt." So hatte der Professor der Weltweisheit gesprochen, und die Studenten schämten sich natürlich furchtbar, wenn sie zu spät kamen. Bis sich so ein Schuldiger hingesetzt hatte, schwieg der wütende Philosoph mit blitzenden Augen und abgenommenem Kneifer. Der unpünktliche Musensohn vergaß seine Schande nie. Eines schönen Tages kam aber ein älterer Student mit der blasierten Frechheit und den glatten (smooth) Manieren des Weltmannes zehn Minuten zu spät. In der Stille vor dem Sturm warteten alle auf die Entladung der Gewitterwolke auf dem Katheder. Der Freche schritt leise aber langsam an seinen Platz und begann, sich den Mantel auszuziehen. Der Philosoph hatte den Kneifer abgenommen, das Pult von sich gestoßen und stierte. Da zog sich der studierende Weltmann den Mantel wieder an, ging zur Tür, verneigte sich mit Würde und sagte: „Entschuldigen Sie bitte, meine Herren, ich dachte hier wäre eine Vorlesung!" Ehe der Professor die vernichtende Bemerkung machen konnte, die er sich während der ganzen Zeit überlegt hatte, war der Revolutionär verschwunden.

Es war im Februar des Jahres 1890. Bismarck dachte daran, sein Amt niederzulegen, denn nach dem Tode Wilhelms I. waren die Meinungsverschiedenheiten zwischen ihm und dem neuen Kaiser immer stärker geworden. So war es verständlich, daß er bei einem diplomatischen Festessen, das er gegen Ende des Monats gab, ziemlich schweigsam war. Das verletzte aber die Eitelkeit seiner hübschen Tischnachbarin, der Frau eines europäischen Gesandten, die mehr mit Schönheit als Klugheit und Taktgefühl gesegnet war. Um Bismarck zu ärgern, beklagte sie sich in ihrem falschen Deutsch über die deutsche Sprache, die gar nicht brauchbar wäre. Für ganz einfache Dinge hätte man oft zwei Wörter, die genau das Gleiche bedeuteten, wie z. B. „essen" und „speisen", „senden" und „schicken" und für andere Begriffe fehlten dann wieder Wörter. Bismarck erwiderte, die Dame irre sich. Sie würde hier z. B. gespeist aber nicht gegessen, ihr Herr Gemahl wäre ein Gesandter aber kein geschickter.

Kurt: Es ist Zeit, daß dieser eingebildete Knabe Adalbert einmal wieder durch den Kakao gezogen wird. — Ich habe eine Idee! Ich werde ihn überreden, vor euch, hier im Spielsaal, sein Hemd auszuziehen. **Ein anderer Offizier:** Aber Leutnant

Dammermann, was für Unsinn schwatzen Sie da! Sie wissen doch, wie steif Adalbert ist! Kurt: Wollt ihr vierhundert Mark wetten, daß ich Adalbert überreden werde, sich hier im Spielsaal den Oberkörper zu entblößen? Mehrere Offiziere: Angenommen, aber wie wollen Sie das denn machen? Kurt: Das laßt meine Sorge sein!

Adalbert (am nächsten Tage): Ich kenne meinen Körper schon seit fünfundzwanzig Jahren. Ich müßte es doch wissen, wenn ich so eine Narbe auf dem Rücken hätte! Sind Sie vielleicht besoffen? Kurt: Ich sage es noch einmal: Sie haben eine tiefe Säbelnarbe auf dem Rücken. Wollen Sie mit mir wetten? Ich wette hundert Mark! Adalbert: Angenommen! Kurt: Die Herren hier sind meine Zeugen. Ziehen Sie sich sofort Uniformrock und Hemd aus, damit wir Ihren Rücken untersuchen können. Adalbert: Das ist mir aber furchtbar unangenehm. Muß es hier sein? Kurt: Also, entweder wir untersuchen Ihren Rücken jetzt und hier, oder die Wette interessiert mich nicht. Adalbert: (Waffenrock und Hemd ausziehend) Also, sehen Sie selbst! Keine Narbe da, nicht wahr? — Also heraus mit den hundert Mark! Kurt: Hier ist das blaue Scheinchen. Es dürfte Sie interessieren, daß ich vierhundert Mark gewettet habe, Sie würden sich hier vor uns den Oberkörper entblößen. Für Ihre Gefälligkeit bekommen Sie einhundert Mark; da bleiben mir dreihundert Mark, wenn ich nicht schon wieder unrecht habe. Vielen Dank für die Gefälligkeit, Herr Baron.

1. *Arrange the following words in sentences:*

1. Die der ihr zu da sich sie um ihre nur oft Wissenschaft Aeußeres Gelehrten Jahre vernachlässigen pflegten kümmerten neunziger. 2. Der Theologe der Bettler Anzug Haustür schritt kam aus durch seinem seinen heraus Vorgarten in als schlecht fleckigen sitzenden ein. 3. Seine voller die waren Schuppen Haare weißen ihm die über Schultern hingen und fehlten Knöpfe mehrere seiner Weste an. 4. Der sich der machte nicht Bettler den über Professor lustig wirklich glaubte hier daß wäre ein Bettler anderer. 5. Der den den der der seinem und bis solange Philosoph Kneifer verspäteten

Studenten Platz ab auf an nahm hörte vorzutragen starrte auf saß arme Sünder. 6. Während ängstlich Studentenherzen dreißig klopften der den sich aus Mantel Freche halb zog umher ging schaute und wieder zur Tür. 7. Mit Entschuldigung den er Worten ich dachte verschwand Vorlesung wäre hier die Gewitterwolke konnte auf sich entladen dem Katheder ehe. 8. Die bei die dem an Seite Dame Bismarcks Festessen saß eines Frau europäischen war die Gesandten schöne nicht mit gesegnete Takt aber. 9. War Baron Gardeleutnant von Zinkendorf eingebildet und nicht konnte leiden Offiziere dem nicht die angehörten Adel. 10. Dem übrig nichts blieb anderes armen Adalbert auszuziehen sich als Waffenrock und Hemd die Offiziere Rücken damit untersuchen konnten seinen.

2. *Make complete sentences of the following words:*

1. Als, Vorgarten, Bettler, die drinnen. 2. Professor, leiden, zu spät, Vorlesung. 3. Fall, aufhören, abnehmen, vorstoßen, anstarren. 4. Einmal, zehn Minuten, Platz, ausziehen, umschauen, anziehen, Tür. 5. Dämchen, ernste Stimmung, begreifen, schweigsam, ärgern. 6. Sagen, im Deutschen, Begriffe, fehlen, einfache Dinge, zwei. 7. Bismarck, essen, speisen, senden, schicken. 8. Adalbert, aufgeregt, denn, Kurtchen, behaupten, Säbelnarbe. 9. Adalbert, müssen, ausziehen, damit, Zeugen. 10. Als, Adalbert, sehen, Kurtchen, Kakao, ziehen, zuschlagen, Knall.

3. *Answer the following questions in German:*

1. Beschreiben Sie das Aeußere des Theologieprofessors! 2. Warum vernachlässigten so viele Gelehrte des vorigen Jahrhunderts ihr Aussehen? 3. Was tat der Philosophieprofessor, wenn jemand zu spät in seine Vorlesung kam? 4. Was tat der freche Student? 5. Weshalb legte Bismarck 1890 sein Amt als Reichskanzler nieder? 6. Warum fühlte sich Bismarcks Tischnachbarin verletzt? 7. Warum war Baron von Zinkendorf so aufgeregt? 8. Wie gewann Leutnant Kurtchen dreihundert Mark, trotzdem er die Wette mit Adalbert verloren hatte. 9. Wie heißt die deutsche Redensart für den amerikanischen Ausdruck "to razz somebody"?

4. Zu *as a prefix:*

Zu as a prefix has mostly the meanings—closed, towards or at something or somebody. Translate:

1. Er schwamm der Küste zu. 2. Er rief mir etwas zu, was ich nicht verstand. 3. Der Schnee deckte die ganze Landschaft zu. 4. Das Mädchen warf dem Sänger eine Rose zu. 5. Der Soldat stieß mit seinem Bajonett zu. 6. Er schlug die Tür hinter sich zu. 7. Die Katze sprang zu und fing die Maus. 8. Binde den Sack zu! 9. Die Zutaten zu diesem Kuchen sind Butter, Eier, Milch, Zucker usw. 10. Die Zufahrtsstraßen der Großstädte sind breit und sicher. 11. Es gab einen Zugang zu der Burg des Raubritters, den die Stadtsoldaten nicht kannten.

Fünfzehnte Aufgabe

FIFTEENTH LESSON

Allerlei Witze, die hoffentlich nicht viel älter
All-kinds-of jokes which I-hope not much older

sind als die Leser dieses Büchleins
are than the readers of-this booklet

»»««

Ein feinhöriger Forscher kann am Humor eines Volkes
a (fine-hearing) investigator can (at-the) humor of-a nation
sensitive in the

dessen Charakter erkennen. Nun ist es mit dem Charakter eines
its character recognize now is it with the character of-a

Volkes wie mit dem Charakter eines Einzelnen, jede Tugend
nation as with the character of-a (single-one) every virtue
individual

hat ihre entsprechenden Fehler. Vom deutschen Volk, dessen
has its corresponding faults of-the German nation whose

Denken und Fühlen wesentlich romantisch, dessen Geschichte tief
thinking and feeling essentially romantic whose history deeply

tragisch ist, kann man nicht den realistischen Humor des
tragical is can one not the realistic humor of-the

Amerikaners oder den leichten, geistessprühenden Witz des
American or the light (spirit-spraying) wit of-the
sparkling

Franzosen verlangen. Aber, obgleich Humor nicht die stärkste
Frenchman demand but although humor not the strongest

Seite des Deutschen ist, darf man nicht übertreiben und die
(side) of-the German is must one not exaggerate and the
part

Deutschen ein Volk ohne Humor nennen. — Vergessen Sie
Germans a nation without humor name forget [you]

beim Lesen der folgenden Witze nicht, daß, was dem einen
at-the reading of-the following jokes not that that-which (to-the one
strikes one

Volke komisch vorkommt, ein anderes Volk langweilen
nation comical before-comes) an other nation bore
nation as comical

kann. — Märchen: Ein Lehrer erklärt seiner Klasse während
can Maxie a teacher explains to-his class during

des Unterrichts, was die Zivilbevölkerung einer Großstadt zu
the instruction what the civilian-population of-a large-town (to)
for

ihrem Schutze tun muß, wenn feindliche Flieger Gasbomben
its protection do must when (hostile) (fliers) gasbombs
enemy pilots

abwerfen. „Die Gasangriffe sind die gefährlichsten.
off-throw the gas-attacks are the most-dangerous-ones

Dagegen gibt es nur zwei Mittel: Gasmaske aufsetzen,
against-that (gives it) only two means gas-mask on-put
there are

Deckung suchen. Anstatt der Gasmasken werdet ihr jetzt eure
cover seek instead-of the gas-mask will you now your

Taschentücher und statt einer richtigen Deckung eure Bänke
(pocket-cloths) and instead-of a real cover your benches
pocket-handkerchiefs

benutzen. Ich wiederhole: Erstens Taschentücher raus, zweitens
use I repeat first (pocket-cloths) out second
pocket-handkerchiefs

runter unter die Bänke!" Dann macht er das Heulen einer
down under the benches then (makes he the howling of-a
he imitates the howling of a

Sirene nach, und alle Jungen kriechen unter die Bänke. Nur
siren after) and all boys creep under the benches only
siren

Märchen bleibt an seinem Platz stehen, mit den Händen in den
Maxie remains at his (place) (stand) with (the) hands in (the)
seat standing his his

Hosentaschen. „Beeile dich", ruft der Lehrer, aber Märchen
trouser-pockets (speed yourself) calls the teacher but Maxie
hurry up

rührt sich nicht. „Aber Märchen, hast du denn das Heulen
stirs himself not but Maxie (have you now the howling
is it possible that you

der Sirene nicht gehört?" „Aber Herr Lehrer," erwidert
of-the siren not heard) but [Mr.] teacher replies
have not heard the howling of the siren

Märchen, „haben Sie denn noch nie vom Helden gehört?" —
Maxie (have you now yet never of-the hero heard)
is it possible that you have never yet heard of the hero

Ein Wortwitz: Es soll vorkommen, daß die Nach-
a (word-joke) it is-said-to occur that the (after-
pun

kommen mit ihrem Einkommen nicht auskommen und so
comers) with their income not (out-come) and thus
descendants manage

verkommen und umkommen. — Er sagt die Wahrheit:
degenerate and perish he tells the truth

Ein Naturforscher hält in einer Großstadt einen Vortrag.
a (nature-investigator) (holds) in a large-town a lecture
natural scientist gives

Er sagt: „Meine Damen und Herren! Untersuchen wir den
he says my ladies and gentlemen (examine we) the
let us examine

Gorillaschädel! Betrachten Sie die niedrige Stirn, das dicke
gorilla-skull observe [you] the low forehead the thick

Schädeldach, das gewaltige Gebiß, das fliehende Kinn. —
skull-roof the tremendous (denture) the (fleeing) chin
set of teeth retreating

Uebrigens, Gorillaschädel sind äußerst selten. In der hiesigen
by-the-way gorilla-skulls are extremely rare in (the here)
this

Stadt gibt es nur zwei. Der eine gehört dem städtischen
town (gives it) only two the one belongs to-the municipal
there are

Museum, der andere ist meiner." — Ein kleiner Unter-
museum the other-one is mine a little differ-

schied: Der Facharzt sagt seiner Patientin: „Gnädige
ence the (branch-physician) says to-his woman-patient gracious
specialist

Frau, Ihnen fehlt eigentlich nichts. Bewegen Sie sich mehr,
lady (you lack strictly-speaking nothing) (move you yourself) more
strictly speaking nothing is wrong with you move about

baden Sie täglich kalt und kleiden Sie sich leichter." Zu Hause
bathe [you] daily cold and dress [you] [yourself] lighter at home

empfängt der Ehemann sie mit der Frage: „Na,
receives the (marriage-man) her with the question well
husband

Schätzchen, was hat dir der Doktor verschrieben?" Sie:
(little-treasure) what has you the doctor prescribed she
sweetheart

„Eine ganze Masse, Liebling! Erstens soll ich mir ein Auto
(a whole lot) darling first am-to I myself a car
quite a bit

kaufen. Zweitens soll ich an die See fahren und drittens soll
buy second am-to I to the sea (travel) and third am-to
go

ich mir neue Kleider kaufen." — Junge Ehe: Unser
I myself new dresses buy young marriage our

Dienstmädchen kocht für uns. Der Arzt hat meiner Frau
servant-girl cooks for us the doctor has my wife

verboten zu kochen. — Ist sie krank? — Ach wo, ich bin
forbidden to cook is she sick certainly-not I am

krank. — **Der Meister kennt das Handwerk:** Herr
sick the master knows the (hand-work) Mr.
craft

N. geht zum Zahnarzt, denn ein Zahn in der Backe tut
N. goes to-the (tooth-doctor) for a tooth in (the) cheek (does
dentist his

ihm plötzlich schrecklich weh. Der Zahnarzt untersucht den
him suddenly terrible woe) the (tooth-doctor) examines the
hurts him suddenly terribly dentist

schmerzenden Backenzahn und sagt: „Ich fürchte, die Wurzel
hurting (cheek-tooth) and says I fear the root
molar

ist krank. Ich werde den Zahn aufbohren und eine Wurzel-
is sick I shall the tooth open-drill and a root-

behandlung anfangen. Seien Sie aber unbesorgt, es wird
treatment begin (be you however unworried) it will
however don't worry

nicht weh tun." Der Patient brummt: „Erzählen Sie das
not (woe do) the patient grumbles tell [you] that
hurt

jemand anders, ich bin selber Zahnarzt." — **Nauke**
somebody (different) I am myself (tooth-doctor) Nauke
else dentist

in Köln: Die Deutschen verspotten gerne die „große Klappe"
in Cologne the Germans (mock gladly) the (big flap)
like to mock bragging

der Berliner. — Nauke, ein echter Spreeathener, kommt nach
of-the Berliners Nauke a genuine Spree-Athenian comes to

Köln. Sein Freund Tünnes hat einen kleinen Kraftwagen
Cologne his friend Tünnes has a small (power-wagon)
automobile

und stolz fährt er den Besucher aus der Reichshauptstadt
and proudly (drives he) the visitor from the (realm-head-city)
he takes German capital

spazieren. Sie fahren am Kölner Rathaus vorbei.
(stroll) they ride (at-the) Cologne (advice-house) (past)
for a pleasure ride past the city-hall

Nauke: „Wie lange hat man an dem Ding da gebaut?"
Nauke how long has one at (the) thing there built
that

Tünnes: „Ungefähr vierzig Jahre." **Nauke:** „Das ist
Tünnes about forty years Nauke that is

gar nichts. Bei uns in Berlin dauert so ein Bau nicht
nothing-at-all (at us) in Berlin lasts such a construction not
with us

länger als zwei Jahre." — Bei anderen Gebäuden macht Nauke
longer than two years at other buildings makes Nauke

ähnliche Bemerkungen. Unterdessen sind sie am Kölner
similar remarks meanwhile have they at-the Cologne

Dom angekommen. Die Jahrhunderte haben an diesem
cathedral arrived the centuries have at this

Riesenbau gearbeitet, und sogar Nauke kann nicht verbergen,
giant-structure worked and even Nauke can not hide

daß er einen starken Eindruck hat. Schließlich fragt er den
that he a strong impression has finally asks he [the]

Tünnes, was das für eine große Kirche wäre. T ü n n e s:
Tünnes (what that for a big church is) Tünnes
what kind of a big church is that

„Ich weiß nicht, was du meinst. — Ach so, das Ding da. Ja,
I know not what you mean (oh so) (the) thing there (yes)
oh I see that well

das weiß ich selber nicht. Gestern war es nämlich noch nicht
that know I myself not yesterday was it (namely) (yet not)
you must know not yet

hier." — N a u k e b e s u c h t e i n e n G e s c h ä f t s f r e u n d
here Nauke visits a business-friend

i n F r a n k f u r t a. M. (am Main). Die beiden Freunde
in Frankfort on-the Main the (both) friends
two

gehen in den Zoo (zoologischen Garten). Vor dem Löwen-
go (in) the zoo zoological garden in-front-of the lion-
to

käfig fragt Nauke: „Das ist doch drollig. Was sind denn
cage asks Nauke (that is nevertheless funny) (what are now
but this is funny what kind of

das für Tierchen? Sind das etwa Löwen? Bei uns in
that for little-animals) are (that) perhaps lions (at) us in
little animals are these those with

Berlin sind Löwen nämlich viel größer. Ich dachte, das wären
Berlin are lions (namely) much bigger I thought (that) were
you must know those

Wildkatzen." Vor dem Wasserbecken, in dem ein
wildcats in-front-of the water-basin in which a

dreißig Zentner schweres Nilpferd badet, meint er:
thirty hundred-weight heavy (Nile-horse) bathes expresses-the-opinion he
hippopotamus

„In Berlin heißt so ein Tier nur Wasserschwein." Bei den
in Berlin is-called such an animal only water-hog at the

Vögeln und Bären macht er ähnliche, lächerliche Bemerkungen.
birds and bears makes he similar ridiculous remarks

Endlich führt der Frankfurter Freund, dessen Geduld beinah
finally leads the Frankfort friend whose patience almost

erschöpft ist, den frechen Nauke ins Schlangenhaus. Hinter
exhausted is the (fresh) Nauke into-the snake-house behind
impertinent

einer Glaswand kriecht eine fünfzig Pfund schwere Schildkröte
a (glass-wall) creeps a fifty pound heavy (shield-toad)
glass-partition turtle

langsam vorbei. Wieder stellt der Spreeathener seine dumme
slowly past again puts the Spree-Athenian his stupid

Frage, was für ein Tier das sei. Da riß der Geduldsfaden.
question (what for an) animal that is then (tore) the patience-thread
what kind of an broke

Der Geschäftsfreund aus Frankfurt antwortete: „Ach, das ist
the business-friend from Frankfort answered (oh that is
oh, but this is

aber peinlich! Dies Tier gehört gar nicht hierher. Das
however embarrassing) this animal belongs not-at-all here that
embarrassing

ist eine Kopflaus." — — Selbst in einem Lesebuch sollte man
is a head-louse even in a reader ought one

einen Witz nicht zu oft wiederholen. Wir lassen also einen
a joke not too often (again-fetch) we leave therefore one
repeat

Teil unserer gewohnten Uebungen aus und beenden diese Aufgabe
part of-our customary exercises out and finish this lesson

mit einem passenden Gedicht. Der Dichter, Wilhelm Busch, schuf
with a fitting poem the poet William Busch created

in den sechziger und siebziger Jahren des vergangenen
in the sixties and nineties [years] of-the past

Jahrhunderts Zeichnungen und Verse, über die man heute noch
century drawings and verses about which one (to-day still)
still to-day

in Deutschland nachdenkt, lächelt, lacht. Das hier zitierte Gedicht
in Germany ponders smiles laughs the here quoted poem

stammt aus der Sammlung „Kritik des Herzens" und enthält
comes from the collection Criticism of-the Heart and contains

eine typisch deutsche Bestimmung des Begriffes Humor.
a typical German definition of-the concept humor

Es sitzt ein Vogel auf dem Leim,[1]
Er flattert sehr und kann nicht heim.
Ein schwarzer Kater[2] schleicht[3] herzu,
Die Krallen[4] scharf, die Augen gluh.[5]
Am Baum hinauf und immer höher
Kommt er dem armen Vogel näher.
Der Vogel denkt: Weil das so ist,
Und weil mich doch der Kater frißt,
So will ich keine Zeit verlieren,
Will noch ein wenig quinquilieren[6]
Und lustig pfeifen wie zuvor.
Der Vogel, scheint mir, hat Humor.

Answer the following questions in German:

1. Wie sieht ein Gorillaschädel aus? 2. Warum sind Gorillaschädel selten? 3. Wie nennen sich verliebte (enamoured) Leute in Deutschland? 4. Was verschrieb der Arzt der Dame, der eigentlich nichts fehlte? 5. Was tut der Zahnarzt, wenn die Wurzel des Zahnes krank ist? 6. Welches Signal gebrauchen viele Großstädte bei einem Fliegerangriff? 7. Was tut die Zivilbevölkerung, wenn die feindlichen Flieger Gasbomben abwerfen? 8. Worauf sind die Kölner stolz? 9. Wofür sind die Berliner in ganz Deutschland berühmt? 10. Wer war Wilhelm Busch?

[1] glue, [2] tom-cat, [3] sneak, [4] claw, [5] glowing, [6] trill

Zur Wiederholung

(to-the) (again-fetching)
For repetition

»»««

I.

The following fifteen paragraphs contain almost nothing but the idioms of the corresponding fifteen lessons. Translate these paragraphs into idiomatic English. If you have forgotten an idiom find it in the lesson that bears the same number as the paragraph.

1

Vor einem Jahrzehnt hatte Herr Müller sein Geld in der Inflation verloren. Jetzt lebte er als armer Arbeitsloser meistens auf Kosten der Regierung. Hin und wieder verdiente er sich ein bißchen Geld, indem er einem Arzt englische und französische Aufsätze (articles) übersetzte. Die Frau des Herrn Müller machte sich Sorgen wegen der Gesundheit ihres Mannes, aber er ließ sich nicht überreden, etwas für sich zu tun. Er sagte nur immer: „Das habe ich nun davon, daß ich immer ein guter Mensch gewesen bin. Ich bin ein Bettler, und was halten die Leute von einem Bettler! Wenn ich nicht schleunigst Arbeit bekomme, werde ich verrückt."

2

Halten Sie dies für den richtigen Weg? — Das weiß ich ebensowenig wie Sie. — Ich glaube, wir haben uns verirrt. — Hier ist eine Art Scheune (barn). Machen wir es uns für die Nacht bequem! Wir können nicht im Freien auf der Erde schlafen. Ich lege mich jetzt hin und denke an mein schönes, warmes Bett zu Hause. — Haben Sie nichts gehört? — Sie glauben wohl an Geister (phantoms)? Bei den Bauern hier gibt es keine Geister! Das war eine Kuh. Die Geisterstunde ist um Mitternacht. Es ist jetzt zwei Uhr morgens.

3

Unser Regiment galt als das beste im ganzen Heer. Zum dritten Mal waren wir an der Reihe, den Hügel zu stürmen. Unsere Leute liefen um die Wette durch den Wald, aber dann blieben sie stehen, denn als sie ins Freie traten, grüßte sie das vernichtende Feuer der feindlichen Gräben (trenches) Sie warteten also auf die Tanks, um die sie gebeten hatten. Endlich kamen vierzehn riesige Tanks. Ohne daß sie etwas hinderte, fuhren sie durch das Wäldchen und an unseren Leuten vorbei, die hinter ihnen zum Angriff vorgingen.

4

Die letzte Nummer des Programms war der Kampf des Skandinaviers mit dem Polen. Wir halten den blonden Riesen aus dem Norden für den besseren Ringer. Der Pole wurde zu schnell müde. Je länger der Skandinavier rang, desto stärker schien er zu werden. Schließlich zwang ihn der Ringrichter, den Polen loszulassen, der schon auf die Schultern geworfen war. Der Nordmann wurde wütend und warf dem Ringrichter den erschöpften Polen an den Kopf. Das tat dem Ringrichter furchtbar weh und war ja auch gegen alle Regeln. Ohne ein Wort zu sagen, hob der Ringrichter die Hand des halbtoten Polen hoch. Der Berserker war disqualifiziert. Atemlos vor Wut und Anstrengung stand er im Ring und verstand nicht, warum ihm das geschehen war. Im Ringen taugt er etwas, der blonde Riese, aber er wird immer zu schnell wütend.

5

Wenn Sie es als eine saure Pflicht betrachten, als etwas, das Sie nur um Ihrer Bildung willen tun müssen, dann ist es besser, Sie gehen nicht ins Museum. Die Werke der alten Meister muß man sich mit Liebe und in aller Ruhe ansehen, sonst können sie einem nichts sagen. Man muß in unserer Zeit damit rechnen, daß den Leuten eine Automobilausstellung besser gefällt als eine Kunstausstellung. Ueber den Geschmack kann man nicht streiten, aber man muß den Geschmack anderer Menschen gelten lassen.

6

Wie geht es dir, alter Knabe? — Machst du dich über mich lustig? Kannst du nicht sehen, daß ich krank bin und mich schlecht fühle? — Das tut mir leid! Ich muß dich aber daran erinnern, daß ich mir große Mühe gegeben habe, dich zu überreden, zu einem Arzt zu gehen. Hast du vielleicht Angst vor Aerzten? — Nicht vor Aerzten, sondern vor Doktorrechnungen. — Also höre! Hier ganz in der Nähe wohnt ein tüchtiger Arzt, zu dem ich auch hin und wieder gehe. Sage ihm, daß du augenblicklich (momentarily) kein Geld hast, und du wirst dich nicht zu beeilen brauchen, seine Rechnung zu bezahlen.

7

Um fünf Uhr morgens war ich zur Stelle. Zitternd vor Kälte stand ich bis zehn Uhr im eiskalten Wasser. Nur einer kam. Ich hatte es zu eilig, ihn zu fangen, und so überlegte er es sich anders und schwamm weg. Mir wird schlecht zumute, wenn ich daran denke: Fünf Stunden im eiskalten Wasser, nur um einen Fisch wegschwimmen zu sehen. Keiner kann sagen, es war mir nicht Ernst, ihn zu fangen, aber im letzten Augenblick fiel meine Brille ins Wasser. Ich hätte mich selber verprügeln können! Außerdem habe ich mich furchtbar erkältet, weil ich nasse Füße gekriegt habe. Ich muß daran denken, was mein Frauchen mir zum Abschied sagte: „Nimm dich vor Giftschlangen in acht! Paß auf, daß die Strömung dich nicht packt! Fange nicht mehr als etwa fünf Fische, das ist genug für uns!“ Also, Herr Fischhändler, hoffentlich haben Sie fünf Forellen (trouts) zur Hand. Fünf genügen für uns; das meinen Sie auch, nicht wahr?

8

Die Menge machte Platz, als die zum Tode Verurteilten von den Hamburger Stadtsoldaten an den Ort geführt wurden, wo der Henker auf sie wartete. Die Gruppe Menschen, die hier zum letzten Mal das Licht des Tages sah, bestand aus Klaus Störtebeker, dem großen Seeräuber, den die Hamburger in einer Seeschlacht bei Holland besiegt hatten, und zehn seiner Leute. Der Bürgermeister fragte Klaus nach alter Sitte, ob er noch einen Wunsch hätte, ehe ihn der Henker mit dem Schwerte aus dem Diesseits ins Jenseits beförderte. Klaus Störtebeker sagte, er bäte den Rat der Stadt Hamburg um das Leben der Männer, an denen er ohne Kopf vorbeigehen werde. Dem Bürgermeister gefiel diese Bitte nicht, aber, da er hoffte, es würde Störtebeker nicht gelingen, dem Tod einige Sekunden zu stehlen, sagte er nicht nein. Der Piratenkapitän stellte nun seine Leute in einer Reihe auf. Die Männer, die ihm am liebsten waren, stellte er an die Spitze (head) der Reihe, die zwei oder drei, die er nicht leiden konnte, ans Ende. Dann stellte er sich wieder an die Spitze der Reihe. Der Henker schlug zu, und Störtebekers Kopf rollte auf die Erde; aber es gelang dem sterbenden Körper des Seeräubers, an sechs Verurteilten vorbeizustolpern (stolpern — stumble). Der Bürgermeister hielt dem Toten sein Wort.

9

Die Revolutionen in Spanien, Mexiko und Rußland erinnern in vielen Punkten an den Bauernkrieg zur Zeit Luthers. Die Steuern und Arbeitsdienste der unfreien Bauern waren unerträglich, die Vorrechte und der Reichtum der Ritter und der Kirche erbitterten sie, und so begann die Revolution der Bauern, die sich schnell in Deutschland verbreitete. Die Bauern setzten den roten Hahn auf Burgen und Klöster, aber trotzdem kamen sie nicht sehr weit. Sie konnten sich nicht an Disziplin gewöhnen, und so hatten die Ritter mit ihnen leichtes Spiel. Die Lage der Bauern war nach dieser Revolution schlimmer als vorher.

10

Zu Anfang unseres Jahrhunderts spielte das Pferd noch eine große Rolle. Wer ein edles Vollblut besaß und auf der Jagd durch Wald und Feld, bergauf und bergab ritt, der fühlte sich als Herrn der Welt. Ich erinnere mich noch an die Zeit der Dorfschmiede und der Stadtschmiede. Wir kleine Jungen standen an der Tür und bewunderten den Schmied, der die Pferde beschlug. Heute sind diese Schmieden verschwunden. Das Pferd hat am Auto seinen

Meister gefunden, und statt der Schmieden finden wir Garagen. Wenn man Pferde liebt, tut einem das etwas weh, aber zu unserem Glück können wir uns an alles gewöhnen, sogar an tote Maschinen.

11

Meine Herren, betrachten Sie sich als meine Gäste! Sie sind hier zu Besuch bei mir, und ich werde mich um Ihre Wünsche selbst kümmern. Es geht wirklich nicht, daß Sie sich selbst bedienen, meine Diener werden immer für Sie bereit sein. Unsere Tischgesellschaft besteht nur aus Freunden, und unser Koch hat nicht seinesgleichen. In einer halben Stunde essen wir. Wer nicht an der Mahlzeit teilnehmen will, dem werden meine Diener das Essen aufs Zimmer bringen.

12

Wenn Sie beim Durchblättern dieses Buches auf Wörter oder Redensarten stoßen, die Ihnen noch fremd sind, schreiben Sie sie, ohne einen Augenblick zu verlieren, auf ein Stück Papier und lernen Sie sie! Das wird zur Folge haben, daß Sie Ihr Examen voller Hoffnung erwarten können. — Wenn die dreizehnte Aufgabe wieder von einem Berliner handelt, so bedeutet das nicht, daß wir den Berlinern den Krieg erklärt haben, sondern, daß auch ein alter Witz willkommenes Material ist für die schwierige Aufgabe, einen Absatz (paragraph) zu schreiben, der nur aus Redensarten besteht und doch etwas bedeutet. Aber, lassen wir dies Thema fallen! Ich möchte nur noch sagen, daß der nächste Absatz unter Kranken im Krankenhause spielt.

13

Die Kranken gehen im Garten des Krankenhauses spazieren und freuen sich über das schöne Frühlingswetter. Erster Kranker: Ist Ihnen der Mann mit dem verbundenen Kopf aufgefallen? Ich habe mir den Kopf zerbrochen, um was für eine Operation es sich da handelt. Als der Mann hier ankam, sah er aus, als ob ihm nichts weiter fehlte als Geld. Zweiter Kranker: Was die finanzielle Lage dieses Mannes betrifft, da haben Sie unrecht. Der Mann ist Berliner und bei einer großen Firma angestellt, worauf er mit Recht stolz ist. Da er für seine Firma eine Geschäftsreise machen muß, hat er sich von unserem Hauptarzt, der als Chirurg Außerordentliches leistet, die Ohren fünf Zentimeter nach hinten setzen lassen. Erster Kranker: Weshalb? Zweiter Kranker: Damit er die Klappe noch weiter aufmachen kann.

14

Wenn es Ihnen Spaß macht, sich über andere, die Sie nicht leiden können, lustig zu machen, erinnern Sie sich daran, daß Sie auch einmal an die Reihe kommen, durch den Kakao gezogen zu werden. Sie dürfen sich dann bei niemand beklagen. In einer solchen Lage bleibt dem Menschen nichts anderes übrig, als sich selbst so anzusehen, wie es die Spötter tun. Nur, erinnern Sie sich immer an die Warnung eines modernen Dichters — der Name tut nichts zur Sache — der gesagt hat:

Was auch geschieht,
Nie dürft ihr so tief sinken,
Von dem Kakao, durch den man euch zieht,
Auch noch zu trinken.

15

Kennen Sie die Redensart „ach so“? — Hoffentlich gebrauchen sie die beiden Wörtchen sehr selten. Wann sagt man „ach so“? Wenn einem im Leben etwas seltsam vorkommt, und man stellt eine dumme Frage und erhält eine Antwort, die man selber hätte wissen können, dann sagt man „ach so“. Beobachten Sie das Gesicht eines Menschen, wenn er „ach so“ sagt! Er wird aussehen, als ob ihm etwas fehlte, oder weh täte. Dummheit schmerzt nämlich, wenn sie nicht chronisch ist. „Ach so“ heißt „ich bin ein Esel“, das pflegte Professor Boesche zu sagen. Professor Boesche lehrte uns Griechisch und war ein feiner Kenner von Eseln und Eseleien (asinine things).

II.

The following word groups represent the fifteen lessons you have read. Tell the stories of these lessons in your own words using the given words as a help.

1. Hippodamas als armer Mann in Rom, prophezeite der Frau des Varus, prophezeite dem Augustus, verrücktes Zeug.

2. Die Mythologie der Germanen, Thor, die Götter verirren sich, Thor schlägt den Riesen.

3. Die Götter kommen zur Riesenstadt, der Riesenkönig nennt seine Bedingung, Loki ißt um die Wette, Thialfi läuft um die Wette, Thor versuch das Horn zu leeren.

4. Thor versucht die Katze aufzuheben, er ringt mit der Amme des Riesenkönigs, der König erklärt seine List, Lokis Gegner das Feuer, Thialfis Gegner der Gedanke, das Trinkhorn mit dem Meer verbunden, die Katze die Weltmeerschlange, die Amme das Alter, alles verschwindet.

5. Albrecht Dürer, Nürnbergs große Zeit, der Italiener fordert Dürer heraus, die Kunstrichter in der Kirche, das Bild des Italieners, Dürers Kreis.

6. Eppelein von Gailingen und die Nürnberger, Püterich wird gefangen, die Räuber auf der Burg, Püterichs Kur beginnt.

7. Das „Gastzimmer", Püterich denkt daran, was seine Frau ihm gesagt hat, Eppelein bekommt sein Geld.

8. Eppelein wird gefangen, Nürnbergs Freudentag, die Gerichtsverhandlung, die Zuschauer auf dem Burghof, Eppeleins letzte Worte, sein letzter Wunsch, das Teufelspferd, der Fremdenverkehr.

9. Die Friesen, Henning Pogwisch landet auf Sylt, Pogwisch verlangt die Steuern im Hause des Fischers Pidder Lüng, der Tod des Ritters, lieber tot als Sklave.

10. Die Fürsten im Deutschland des achtzehnten Jahrhunderts, August der Starke und Dresden, der Schimmel verliert ein Hufeisen, Hufeisen werden zerbrochen und Goldstücke verbogen.

11. Friedrich der Große in Krieg und Frieden, eine halbe Stunde Gefängnis für Gotteslästerung, Majestätsbeleidigung und Beleidigung des Rates, ein Dieb unter lauter ehrlichen Menschen im Spandauer Gefängnis, die Tafelrunde in Sanssouci, der alte Zieten darf schlafen.

12. „Volk ohne Raum" — ein Roman und ein Schicksal, Hans Kasper in Australien, Werkzeugfabrik, Bank, der Arbeitslose hilft den Fischern, der Bankier hilft dem Arbeitslosen.

13. Die Goethezeit, deutsche Universitäten im neunzehnten Jahrhundert, Professoren, Offiziere, Professor Bumm wird eingeladen, der Professor kommt zu spät zum Ball, eine verdächtige Gestalt, zwei Vertreter verschiedener Welten stellen sich vor, Bumm ist nicht dumm.

14. Die drinnen geben einem nichts, meine Vorlesung ist kein Kino, Bismarck erklärt einer taktlosen Dame einige deutsche Wörter, Adalbert gewinnt eine Wette, Kurtchen verliert einhundert Mark und gewinnt dreihundert Mark.

15. Der Humor der Völker, Wilhelm Busch und seine Bestimmung des Begriffes Humor, Märchen der Held beim Gasangriff, der Gorillaschädel des Naturforschers, der Doktor hat der gnädigen Frau eine ganze Masse verschrieben, das Dienstmädchen kocht, es wird nicht weh tun sagte der Zahnarzt einem Kollegen, Tünnes zeigt Nauke den Kölner Dom, der Frankfurter Geschäftsfreund zeigt Nauke den Frankfurter zoologischen Garten.

Ende

www.ingramcontent.com/pod-product-compliance
Lightning Source LLC
Chambersburg PA
CBHW051927110726
47902CB00002B/444